Kavşak
Kreuzung

Herausgegeben von
Helga Kohne
Halit Ünal

Impressum

Die Deutsche Bibliothek - CIP-Einheitsaufnahme

Kavşak / Kreuzung
Deutsch / Türkisch
Helga Kohne, Halit Ünal (Hrsg.)
Im Auftrag der Arbeitsgemeinschaft
Arbeit und Leben-DGB/VHS im Kreis Herford.
Ein Beitrag des Antidiskriminierungsbüros.

Schulbuchverlag Anadolu GmbH, Hückelhoven 1995
ISBN 3 - 86121 - 033 - 9
NE: Kohne, Helga (Hrsg.)

© Copyright 1995 Schulbuchverlag Anadolu GmbH
Lektorat und Redaktion: Babette Lissner
Printed in Germany
ISBN 3 - 86121 - 033 - 9
Best.-Nr.: A 033
Fotos:
Seite 103 / Mehmet Karadeniz, Seite 123 / Karl-Heinz Zielinske
Seite 165 / Heinz Schneidereit

Das Buch ist in Zusammenarbeit mit dem Literaturkreis türkischer Schriftsteller in
NRW entstanden.

Die Autoren und die Herausgeber danken für die freundliche Unterstützung:
- der GHK/ Gewerkschaft Holz und Kunststoff - Verwaltungsstelle Herford.
- Willi Detring, Versicherungsbüro Herford

Vertrieb: Schulbuchverlag Anadolu GmbH
        Postfach 1307 Tel.: 02433/4091
        D-41823 Hückelhoven

KAVŞAK
KREUZUNG
Deutsch / Türkisch

Ein Lesebuch

Herausgegeben von
Helga Kohne und Halit Ünal

Mit einem Grußwort
des Kultusministers des Landes
Nordrhein-Westfalen
Hans Schwier

Verlag Anadolu

Gewidmet unserem Freund Hüseyin Çölgeçen, Gründer und Leiter des Ortadoğu Verlags und Mitglied des Literaturkreises Türkischer Schriftsteller in NRW, der am 26. Januar 1995 verstorben ist.

Inhalt

Grußwort

Türkische Autoren aus Nordrhein-Westfalen haben für uns, für Deutsche wie für hier lebende Türken, ein „Tagebuch des Exils", wie es in einem der Gedichte heißt, zusammengestellt. Sie beschreiben in den Prosatexten und Gedichten weniger das, was sie hier erleben, sondern eher das, was sie in dem fremden Land Deutschland, das doch auch ihre Heimat ist, empfinden.

Man sollte das Buch nicht als Lesebuch, in dem man immer nur ein kurzes Stück liest, in die Hand nehmen. Vielmehr sollte man es im ganzen durchlesen, um die leise Melancholie, die Rücksichtnahme und die Toleranz zu begreifen, die den Texten innewohnt und sich überlegen, was man tun könnte, um unser Land, um Nordrhein-Westfalen, ein wenig gastlicher für die vielen Menschen zu machen, die aus vielen Ländern zu uns gekommen sind und meist auch auf Dauer bei uns bleiben werden.

Das Buch kann ein Ausgangspunkt für einen von Toleranz und Verständnis geprägten Dialog werden. Ich wünsche ihm viele Leser!

Hans Schwier
Kultusminister des Landes
Nordrhein-Westfalen

Selamlama

Kuzey Ren Vestfalya'da yerleşik türkiyeli yazarlar bize, Alman ve burada yaşayan türkiyelilere -kitapta yer alan bir şiirde de dile geldiği gibi- bir „Sürgün Güncesi" hazırlamışlar. Başlarından geçenleri dile getirmiyorlar. Daha çok, yurt edindikleri yabanel Almanya'da, gözlediklerini, sezdiklerini yazıyorlar şiirlerinde, öykülerinde.

Salt bir okuma kitabı olarak ele alınıp parça parça okunmamalıdır bu kitap. Metinlerde sezilen o altan altan karakaygıyı, saygıyı ve anlayışı kavrayabilmek, ülkemiz Kuzey Ren Vestfalya'yı, değişik ülkelerden gelerek buraya yerleşmiş, buralı olmuş insanlara, daha konuksever yapabilmenin üzerinde düşünebilmek için bir bütün olarak okunmalıdır.

Bu kitap, anlayış ve hoşgörü yüklü dialog için bir başlangıç olmalıdır.
Dileğim, okuru bol olsun.

Hans Schwier
Kuzey Ren Vestfalya
Kültür Bakanı

Vorwort

„Reden ist silber, schreiben ist gold,
schweigen ist Solingen und Mölln".........

Kavşak/Kreuzung ist ein Titel, der wegen seiner besonderen Symbolik gewählt wurde. Öffnen wir doch einmal unsere Handfläche und betrachten sie. Wir sehen Linien, kräftige und zarte, gerade und geschwungene; alle kreuzen sich. Es sind die Lebenslinien, keine verläuft ausschließlich als Gerade. Und legen wir zwei Hände ineinander, kreuzen sich nicht nur zwei Hände voller sich kreuzender Linien; wir spüren das Atmen zweier Hände, den Schnittpunkt von zwei Herzen und zwei Körpern.

Kein Mensch kann leben ohne einen anderen, ohne ein soziales und gesellschaftliches Netz, in das er eingebunden ist; wir sind in diesem Gefüge abhängig wie die Fäden eines Spinnennetz von seinen Kreuzungspunkten; und unser Netz ist empfindsam wie das der Spinnen.

Jeder Kreuzungspunkt ist voller Geheimnisse, voll Unsicherheit, auch wenn er scheinbar in sich ruht. Es sind die Punkte, wo wir uns, einzeln oder gemeinsam entscheiden müssen, mit wem, in welche Richtung und mit welchem Ziel wir weitergehen auf dem Weg durch unser Leben. Und bläst der Wind uns hart ins Angesicht in Form von Macht, Gewalt und Haß, ist Vorwärtsbewegen nur noch mit Klugheit und Solidarität erreichbar, wie Kreuzen gegen einen starken Wind auf See.

Wie ein Kreuzen gegen die Mächte, gegen Gewalt und Haß verstehen sich die Texte dieses Buches.

Das besondere an diesem Buch ist, daß nicht Deutsche aufstehen und für Menschen eintreten, deren Würde bedroht ist. Die Autoren in diesem Buch haben am eigenen Leib erfahren, was es heißt, mitten in Deutschland in Angst und bedrohter Menschenwürde zu leben. Doch sie sind ohne Haß; mit Wärme und Verständnis wollen sie Denkanstöße geben, die zu einem Leben befähigen in Solidarität und Toleranz. *Kavşak/Kreuzung* will Menschen, jüngere, ältere, Deutsche und Fremde, einander näherbringen, Vorurteile abbauen und überwinden helfen.

Die Texte dieses Buches sind zweisprachig - deutsch und türkisch; es soll zum Ausdruck gebracht werden, daß Sprache, die Muttersprache zur Identität eines jeden Menschen gehört, auch in der Fremde.

Der Literaturkreis türkischer Schriftsteller in NRW bereichert seit vielen Jahren die gesellschaftspolitische Arbeit von „Arbeit und Leben" im Kreis Herford. In regelmäßigen Treffen geht es nicht nur um den Austausch von Erfahrungen und Beobachtungen in Deutschland, sondern auch um eine genaue Beobachtung der sozialen und politischen Entwicklung in den Herkunftsländern. Dem Umgang mit Menschenrechten gilt hierbei besondere Aufmerksamkeit; Aktivitäten wie Unterschriftenaktionen, Resolutionen ... gegen die Verstöße von Menschenrechten gehören dazu. Obwohl sich der Kreis aus türkischen Schriftstellern zusammensetzt, hat er sich nach außen hin geöffnet; bisher wurden Schriftsteller, Publizisten und Wissenschaftlicher aus den Niederlanden, der ehemaligen Sowjetunion, der Türkei, der Schweiz und der Bundesrepublik eingeladen. Hierbei geht es dann nicht nur darum, Erfahrungen, Beobachtungen und Wissen für die Literatur fruchtbar zu machen, sondern auch um die eigene Fort- und Weiterbildung. Einbezogen sind dabei alle Familienmitglieder. Auch die Kinder erlernen hierbei den Umgang mit Menschen verschiedener Nationalitäten.

Dieses Buch ist aber nicht nur vor dem Hintergrund der aktuellen fremdenfeindlichen Geschehnisse und der Kontinuität von Rechtsradikalismus zu sehen, sondern auch auf dem Hintergrund der düsteren deutschen Vergangenheit, dessen Bilder noch nicht verblaßt sind, auch wenn sie uns sauber gebunden auf Kunstdruckpapier entgegentreten. Es gibt nichts, das die Taten vom Blut, der Angst und dem Schrecken bereinigen könnte - auch nicht die Zeit, nicht 50 und nicht 100 Jahre. Die Erinnerung muß wach bleiben, Warnung sein für neue Ansteckungsgefahren.
Dieses Buch ist gegen einen Flächenbrand von Solingen und Mölln.
Schulen, Organisationen, Vereine, Jugend- und Seniorenzentren können mitwirken. Sie können einen oder mehrere Autoren auswählen und einladen. Alle Autoren dieses Buches haben ihre Bereitschaft zum Dialog, dem Gespräch, der Lesung bekundet.

Helga Kohne

Önsöz

„Konuşmak Gümüş, yazmak altın
susmak Solingen und Mölln".......

Kavşak/Kreuzung, taşıdığı sembolik anlam nedeniyle bu kitaba ad olarak seçilmiştir. Açıp avucumuzun içine bakarsak, birbirleriyle kesişen derin, yüzeysel, düz ya da eğri çizgiler görürüz. Bunlar hiçbir zaman dosdoğru gitmeyen yaşam çizgileridir. İki elimizi iç içe gelecek şekilde üst üste koyduğumuzda, sadece birbirini kesen çizgiler buluşmaz; iki elin soluğunu, iki yüreğin, iki bedenin kesişme noktalarını hissederiz.
Hiçbir insan, bağımlı olduğu öbür insanlar ve toplumsal ağlar olmadan yaşayamaz. İnsanın yapısında örümcek ağının kesişme noktalarına bağımlı olarak var oluşuna benzer bir bağımlılık vardır. Hem de bizim bu ağımız örümcek ağı kadar duyarlıdır.

Her kesişme noktası, yani kavşak dingin bir halde gözükse de, gizem ve güvensizlik doludur. Bu noktalar, yaşam yolculuğunu kiminle, ne yönde, hangi amaçla sürdürmek konusunda tek başımıza ya da birlikte karar vermek zorunda olduğumuz noktalardır. Şayet iktidar, yüzümüze şiddet ve nefret rüzgarları estirilirse, ilerlemek, açık denizde fırtınaya karşı mücadelede olduğu gibi, sadece akıl ve dayanışma ile olanaklıdır.

Bu kitaptaki metinler de şiddet, zor ve nefretin önünü kesmeye yönelik çabaların ürünüdür.
Kitabın özgün yanı, onurları tehlikeye düşen insanlar için tavır alan Almanlar'ın değil, bizzat o insanların, yani: Almanya'nın göbeğinde korkuyu, insan onuruna yönelen tehditleri kendi tenlerinde duyan yazarları biraraya getirmesidir. Onlar nefretten uzak, sıcaklık. ve anlayış dolu bir yaklaşımla, dayanışma ve hoşgörünün geçerli olacağı bir yaşam için düşünsel uyarılarda bulunuyorlar. *Kavşak/Kreuzung* genç, yaşlı, Alman, yabancı insanları birbirlerine yakınlaştırmak, önyargıları ortadan kaldırmak ve onları aşmaya yardımcı olmak istiyorlar. Kitaptaki metinler iki dilde yani, Almanca ve Türkçedir. Böylece, anadilin insan kimliğinin bir parçası olduğu ve bunun gurbet için de geçerliliği dile getiriliyor.
Kuzey Ren Vestfalya Türkiyeli Yazarlar Çalışma Grubu, yıllardır

Herford ilçesi »Arbeit und Leben / İş ve Yaşam« kuruluşunun sosyal-politik çalışmalarına ayrı bir varsıllık kazandırmıştır. Grubun düzenli olarak yaptığı toplantılarda, yalnız Almanya'daki deneyim ve gözlem değil, anayurttaki sosyal ve politik gelişmelere ilişkin gözlemler de değerlendiriliyor. Bu bağlamda insan hakları konusundaki uygulamalar özel bir dikkatle izlenmiş; insan hakları ihlallerine karşı imza toplanması, dayanışma bildirisi yayınlanması... gibi çeşitli etkinlikler gerçekleştirilmiştir. Çalışma Grubu, Türkiyeli yazarlardan oluşmakla birlikte, daima dışa açık olmuştur. Şimdiye kadar Hollanda'dan, eski Sovyetler Birliği'nden, Türkiye'den, İsviçre ve Almanya'dan yazarlar, yayıncılar ve bilim adamları çağrılmıştır. Bu çağrılar sadece edinilen deneyim, gözlem ve bilgilerin edebiyat için kullanımına yönelik değil, üyeler için bir çeşit meslek içi öğrenim, geliştirme kursu niteliğindedir. Yapılan toplantılara yazarların aileleri de katılmakta, böylece çocuklar da değişik uluslardan insanlarla ilişki kurmayı öğrenmektedirler.

Bu kitabı, yalnız güncel yabancı düşmanlığı olayları ya da radikal sağ düşüncenin sürekliliği temelinde değil, şimdilerde karşımıza parlak kağıda basılmış, güzel ciltlenmiş bir biçimde çıkarılan Alman tarihinin henüz resimleri solmamış karanlık sayfaları açısından da algılamak gerekiyor. Kanlı, korku ve dehşet verici eylemleri ortadan silebilecek - aradan geçecek 50 ya da 100 yıllık zaman da dahil - hiçbir şey yoktur. Anılar diri kalmalı, yeni bulaşıcı tehlikelere karşı uyarı sürekli olmalıdır.

Bu kitap, Sollingen ve Mölln yangınlarının yayılmasına karşı bir kitap sayılmalıdır. Okullar, örgütler, dernekler, gençlik ve yaşlı yurtları evleri bu işi birlikte yürütebilir, bir ya da birkaç yazarı birden seçerek çağırabilirler. Tüm yazarlar diyaloğa, söyleşiye ve okumaya hazır olduklarını açıklamışlardır.

Helga Kohne

MEVLÜT ASAR

Geboren 1951 in Konya

Examen der politischen
Wissenschaften an der Universität
Ankara

Lebt seit 1977 in der Bundesre-
publik Deutschland in Duisburg
und arbeitet als Türkischlehrer

Stellvertretender Vorsitzender des
Ausschusses „Multikulturelles
Leben"
in der GEW und Mitglied des
Ausländerbeirates in Duisburg

1985
Träger des 1. Preises
„Text des Monats" Duisburg

Schreibt in Deutsch und Türkisch

Mitglied im Literaturkreis
Türkischer Schriftsteller in NRW

ÖZGEÇMİŞ

1951'de Konya'da doğdu

Ankara Üniversitesi Siyasal
Bilgiler Fakültesini bitirdi

1977 yılında Federal
Almanya'ya geldi, 1980
yılından beri Duisburg'da
Öğretmen olarak çalışıyor

Eğitim ve Bilim Sendikası
(NRW), Multi Kültürel Sorun-
lar Komisyonu 2. Başkanı

Duisburg Yabancılar Meclisi
Üyesi

1985
Duisburg'da „Text des
Monats" birincilik ödülü

Türkçe ve Almanca yazıyor

Kuzey Ren Vestfalya Türkiyeli
Yazarlar Çalışma Grubu üyesi

BIBLIOGRAPHIE

Dilemma der Fremde,
Gedichte in zwei Sprachen,
Deutsch/Türkisch,
Ortadoğu Verlag,
Oberhausen 1986

Mehrere Veröffentlichungen in
verschiedenen Zeitschriften wie
Yazın, Dergi, Yenidil, İbibik,
Die Brücke und die Wage

YAPITLARI

Gurbet ikilemi,
İki dilde Şiirler,
Türkçe/Almanca,
Ortadoğu Yayınevi,
Öberhausen 1986

Federal Almanya'da çıkan
Yazın, Dergi, Yenidil, İbibik,
Die Brücke/Köprü ve Wage
gibi dergilerde, İki dilde öykü,
şiir ve çevirileri yayınlandı

SÜRGÜN GÜNCESİ

sürülmüşsün zulümlerle
sınır ötesi sürgünlere
tutulmuş tüm geçitleri
yurda giden yolların

bir suskunluk denizi şimdi
sığındığın o uzak ülkeler
ıssız adalara benzer
konuk olduğun büyük kentler

ısıtmaz tenini uzak güneşi
yağmurlu göklerin
mayıntarlası gibi ürkütür seni
gezdiğin renkli sokaklar

keser merhabanı
dilsizliğin kör bıçağı
hasret kalırsın bir çift söze
tuz eker acılarına
diline takılan memleket türküleri

üç sözcük düşer
kaleminden
sürgünlüğün güncesine
bir ayrılık
bir yalnızlık
bir de umut.

TAGEBUCH DES EXILS

du bist vertrieben durch Gewalt
über Grenzen hinaus ins Exil
versperrt sind die Wege
die dich in die Heimat führen

ein Meer des Schweigens sind sie nun
die fernen Länder
in denen du Asyl suchst
einsamen Inseln gleich sind die großen Städte
in denen du zu Gast bist

die Wärme der Sonne
in diesem regnerischen Himmel
erreicht nicht dein Herz
die bunten Straßen, die du begehst
ängstigen dich wie Minenfelder

das stumpfe Messer der Sprachlosigkeit
entzweit deinen Gruß
nach Worten sehnst du dich
heimatliche Lieder auf deinen Lippen
sind Salz in deinen Wunden

drei Worte nur
fließen aus deiner Feder
in das Tagebuch des Exils:
Abschied
Einsamkeit
Hoffnung

ÇOCUKLAR

çocuklarımız
benzemesinler bize
tanımasınlar nefreti
unutmasınlar sakın
sevgiyi
kardeşliği
ve paylaşmayı

çocuklarımızın gülücükleri
yitmesin şiddetin aynasında
takılmasın uçurtmaları
ölü ağaçlara
özenmesinler
uçan kuşların özgürlüğüne

çocuklarımız
siyah esmer sarı
umudun tomurcukları
bırakın açsınlar
diledikleri yerde
bırakın öğrensinler
seni seviyorum demeyi
birlikte türkü söylemeyi
haksızlığa karşı direnmeyi.

19

KINDER

unsere Kinder
dürfen uns nicht ähnlich werden
sie sollen dem Haß nicht begegnen
die Liebe
die Freundschaft
und das Teilen
nie vergessen

das Lächeln unserer Kinder darf nicht
im Spiegel der Gewalt verschwinden
ihre Drachen dürfen nicht
auf toten Bäumen hängenbleiben
sie sollen nicht neidisch werden
auf die Freiheit der fliegenden Vögel

unsere Kinder
schwarz, braun, blond
die Knospen der Hoffnung
laßt sie blühen
wo sie es wollen
laßt sie lernen
Ich liebe Dich zu sagen
gemeinsam Lieder zu singen
und sich gegen Unrecht zu wehren

ÖGRENCİLERİM

her sabah karşımda
bir demet çiçek:
kimi uykulu bir gecesefası
kimi deli dolu bir menekşe
kimi nazlı bir karanfil

her derste karşımda
bir sınıf dolusu
göçmenkuş yavrusu:
ülkeden ülkeye
dilden dile
kanat çırpan
küçük kahramanlar

görürüm onları bazen
derme çatma camilerden
sanki yaşlanmış çıkarken
Avrupa'nın ortasında
çocuk başları örtülü
omuzlarında ortaçağın yükü

çok sürmez
çocukluğa geri dönüş
örümcek ağından kurtulan
mutlu kelebekler gibi
uçarlar gülüş çağrış
yeşil parklara doğru
yakalamak için batan güneşi

günaydın çocuklar
dersimiz Türkçe
konu Türkiye'nin halleri
hadi bakalım sıvayın kolları.

MEINE SCHÜLER

jeden Morgen steht vor mir
ein Bündel Blumen:
die einen sind schläfrig
wie Glockenblumen
lebhaft sind die anderen
den Veilchen gleich
manche sind zart
wie Nelken

eine ganze Klasse
sitzt in jeder Stunde vor mir
die Kinder der Zugvögel
die kleinen Helden
fliegend von Land zu Land
von Sprache zu Sprache

aus Moscheen, die keine sind, sehe ich sie
hin und wieder kommen
als seien sie gealtert
und ihre jungen Köpfe bedeckt
inmitten von Europa
die Last des Mittelalters
über die Schultern gehängt

es dauert nicht lange
bis sie zurückfinden in ihr Kindesalter
wie gerettet aus dem Spinnennetz, meine Schmetterlinge
fliegen sie lachend, strahlend
über grüne Wiesen
um die untergehende Sonne zu fangen

guten Morgen Kinder
unsere Stunde ist in Türkisch
Thema: die Lage in der Heimat
Los! Krempelt die Ärmel hoch!

ALMANYA'DA GÜZEL BİR GÜN

Duisburg'daki demir çelik fabrikalarından birinde çalışan Ali Aydın, yatağa uzandığında bitkindi. Akşam üstü hemşerisi Süleymangil gelmiş, gecenin geç saatlerine kadar oturmuşlardı. Çoğu kez olduğu gibi, Almanya'da giderek artan sorunlar, her gün yaşadıkları düşmanlık eğilimleri, yurda dönüş üzerinde söyleşmişlerdi. Türkiye işi cam bardaklardan içilen demli çaylar bile Ali'nin yorgunluğunu ve uykusuzluğunu giderememiş, gizli gizli esneyip durmuştu. Uzandığı yerden karşı duvara asılı Türkiye haritasına takıldı gözleri. Giderek ağırlaşan göz kapakları düştü, derin bir uykuya daldı.

Bir ara kulaklarına çok uzaklardan horoz sesleri gelir gibi oldu. Yoksa köyünde miydi? „Hayır, olamaz"dı. Pencereden yansıyan görüntüde, kıraç tepeler değil, fabrika bacaları yükseliyordu. Bulut perdesini yırtan parlak bir güneşin ışınları birden odayı doldurdu. Eşyalar keskin köşelerini yitirdiler. Gümüş ve altın karışımı renkler eski evi masal kitaplarındaki köşk resimlerine dönüştürdü. Ali kendisini bu resmin ortasında ayakta buldu.

Biraz ilerde kristal bir boy aynası vardı. Ali, karşısında durdu ve bir süre kendi suretini seyretti. Sonra alışkın olduğu gibi sakallarını traş etmeye başladı. Traş olurken uzun süredir yapmadığı bir eyleme girişti. Türkü söylemeye koyuldu:

„allı turnam bizim ele varırsan
şeker söyle kaymak söyle bal söyle ..."

Ali, bedeninin ve giderek beyninin her sabah yapmaya koşullandığı otomatik hareketlerle uyuşmayan bu işi pek beceremedi. Yine de, masada hazır bulduğu bir kuş sütü eksik olan kahvaltı boyunca aynı türküyü mırıldandı. Keyif çayının yanına bir sigara yaktı. Bu sırada gözü kapı kenarında hazır duran iş çantasına ilişti. Kalktı, çantayı aldı. Birden, kapı açıldı. Ali, o zamana kadar görmediği bu yaldız boyalı ve kendi kendine açılan kapıdan geçti, koridora çıktı.

Kendini hafiflemiş, yerçekiminin etkisinden kurtulmuş gibi hissediyordu. On yıldan beri gıcırdaması biraz daha artmış olan ve artık cila tutmayan küf kokulu merdiven, o inerken hiç gıcırdamadı.

23

İkinci kat aralığında komşusu Müller ile karşılaştı. Ali, onun her zamanki gibi başını çevirip evine girmesini bekledi, fakat yanılmıştı. Bay Müller, Ali'ye yabancı olan bir içtenlikle, „Guten Morgen, Herr Aydın", dedi. „Bugün hava çok güzel, değil mi?" Ali, ne diyeceğini şaşırdı. Tutuk tutuk „Ja, ja", diyebildi. Şaşkınlığı geçmeden kendisini sokakta buldu. Gerçekten güzel, güneşli bir gündü. Gökyüzü hiç görmediği kadar maviydi. Yıllar önce Polonyalı göçmen işçiler için yapılmış olan, bir örnek binaların iki taraflı uzandığı, kışla düzenindeki ve şimdi daha çok kendi yurttaşlarının oturduğu sokağı tanıyamadı. Her yer tertemiz ve bakımlıydı. Bu haliyle gerçek bir Alman sokağı görünümü almıştı. Sağ tarafta, yüksekçe bir bahçe duvarına yazılmış olan, „TÜRKEN RAUS" yazısını aradı gözleri, bulamadı. Yerinde, beyaz boyalı zemine kendi dilinde ve Almanca olarak yazılmış şu dizeleri okudu:

„Yaşamak
bir ağaç gibi tek ve hür
ve bir orman gibi kardeşcesine
bu hasret bizim"

Yazıyı beğendi ve başıyla onayladı.

Ali, bakışlarını yazıdan yola yöneltince, karşıdan iki yaşlı Alman bayanın geldiğini gördü. Gelenler karşı evde oturan komşularıydı. Ali'nin alışageldiğinin tersine, yollarını değiştirmediler. Yaklaşınca ikisi birden ona gülümsediler. Ali, bu kez şaşkınlıktan kurtulup onları başıyla selamladı. Duyulur duyulmaz bir sesle de, „Guten Morgen, hanım efendiler" dedi.

Ali'nin neşesi artmış, içi yaşama sevinciyle dolmuştu. Kıvrak bir türkünün melodisi, ıslık olarak durağa kadar adımlarına eşlik etti. Durakta beklerken canı sigara istedi. Cebinden paketi çıkardı. İçi boştu. Yan duvardaki otomattan çekmek için ceplerinde bozuk para arandı, yeterince bulamadı. Neşesi kaçtı. Sigara için durağın yakınındaki büfeye gitmesi gerekiyordu. Bunu istemiyordu. Büfenin sahibi, topal Fritz'ti. Sağ ayağının yarısını Rus cephesinde kaybettiği için kendisine bu ad takılmıştı. Fritz son sıralarda Türk müşterilerine hiç de dostça davranmıyordu. Artık Türkçe gazete satmadığı gibi, Neo-Nazi'lerin gazetelerini sayfa sayfa mandallarla tutturarak, büfenin önüne asıyordu. Büfenin yakınından geçen Türkler, orada bira ya da Schnaps içen ayaktakımı ile Fritz arasında geçen konuşmaları duymazlıktan geliyorlardı:
- İşte, kanakelerden biri daha!

- Bunlar da çok oldular. Misafir olduklarını unuttular ...
- Defolup, gitsinler artık ülkelerine!
- Yahudileri halletmiştik, şimdi sıra bunlarda ...
- Yeni bir Hitler gerekli bize!
Ali'nin de duyduğu bu konuşmalar, belleğinden ses kayıt aygıtının şeritinden akar gibi hızla geçti. Adımlarını engelledi. Otobüsün gelmesine de oldukça zaman vardı. Durakta voltalamaya başladı. Sonunda tiryakiliği ağır bastı. İstemeye istemeye büfeye doğru yürüdü. Büfenin önünde iki Alman bira içiyordu. Ali, Almanların sabah sabah içki içmelerini bir türlü anlayamıyordu. Birçok başka alışkanlıklarını da anlamıyordu ya, ona neydi? Ali, yanlarından geçerken, başını çevirip onları görmezlikten geldi. Fakat onların ikisinin birden, *„Guten Morgen!"* demesiyle tökezledi, düşeyazdı. *„Na, zur Arbeit?"*, diye sordu biri. Ali, „Evet, işe gidiyorum", deyince, öteki sürdürdü: „Siz, Türkler gerçekten çok çalışkansınız. Ülkemizin kalkınmasına büyük katkıda bulundunuz. Bize çok hakkınız geçti. Siz olmasaydınız ne yapardık?"
Bu sözler karşısında Ali, utanıp sıkıldı. Gülümsemeyle karşılık verdi. Bu arada başını camdan uzatmış onları dinleyen Fritz'e dönerek, *„Eine HB, bitte!"*, dedi. Fritz, sigarayı Alman inceliğiyle, „Bitte schön ...", diyerek uzatırken, „Türk gazetesi de var. İster miydiniz?", diye sordu. Ali, şaşkın *„Ja, ja! Bitte eine* Hürriyet", dedi. Parasını ödeyip ayrılırken, üçü birden Ali'yi *„Tschüß ne!"*, diyerek uğurladılar.   25
Ali, durakta yaktığı sigaradan bir iki çekmişti ki, otobüs gözüktü. Otobüs durdu, şoför kapıyı açtı. Ali, çekine çekine, „şimdi biter, herşey eskiye döner" korkusuyla bindi otobüse.
Şoför, bileti fırlatır gibi değil, „Buyurun" diyerek uzatınca, Ali rahatladı. Yolcuların çoğunu tanıyordu. Bunlar, iki durak ileride, firmanın yeni yaptırdığı konutlarda oturan Alman iş arkadaşlarıydı. Ali, yönünü onlara döndü. Hepsi birden dostça, „Günaydin, Ali!" diyerek selamladılar. Ali gülümseyerek, içtenlikle *„Guten Morgen"* karşılığı verdi.
Bir süre ayakta durup oturmak için gözleriyle boş yer aradı. Sadece ortalara doğru, güzel ve bakımlı bir Alman bayanın yanı boştu. Ali, ürkek ürkek oraya doğru yürüdü. Alman bayanın yanına gelince durdu. Belli etmemeye çalışarak oturup oturmamakta kararsız bekledi. Çünkü yanına bir Türk oturunca, kalkan ya da, „Sanki başka yer yok!" diye homurdanan Alman kadınlarına sık sık tanık olmuştu. „Bu güzel günü berbat etmeye gerek yok ..."

diye düşündü. „Zaten fabrikaya kadar çok bir yol yok ..."tu. O bunları düşünürken, sarışın hanım gülümseyerek yer açtı. Ali, „Danke" diyerek, dikkatlice boş yere geçti. Başını öne eğdi. Bir süre çevresine bakmaya cesaret edemedi. Görüntünün her an değişivermesinden korkuyordu. Sonra „Ne olacaksa olsun!" kararıyla başını kaldırdı. Gözü, şoförün tam arkasındaki cam perdeye yapıştırılmış açıklamaya takıldı. Her otobüs ve tramvayda olan bu açıklama üzerindeki Türk bayrağının ay yıldızı bu kez aslına uygundu. Altında ise biletsiz binen Türkleri para cezasıyla tehdit eden eski yazı yerine: „Otobüsle seyahat ettikleri için Türk hemşerilere içten teşekkür ederiz ..." yazılmıştı.

Yol boyunca şaşkınlığı ve neşesi giderek arttı. Otobüste kimse kendisine düşmanca bakmıyordu. Göz göze geldiklerinde karşılıklı gülümsüyorlardı. Herkes, gülüp şakalaşıyordu. İş arkadaşları birbirine konusu Türkler olmayan fıkralar anlatıyorlardı. Yanındaki Alman hanımın elindeki *Bild* gazetesini görünce, Ali'nin neşesi kaçar gibi oldu. Göz ucuyla baktı. Ee, hayret! Türklerle ilgili ne „cinayet" ne de „uyuşturucu madde" olayı! Aksine, Hırıstiyan Sosyal Birlik (CSU) liderinin Türkleri öven, „Onlar bizim vefakar ve cefakar vatandaşlarımızdır ..." diyen sözleri büyük puntolarla veriliyordu. Kadın, bu tümceyi göstererek, „Çok doğru." deyince, Ali, bu kez kendinden emin, „Evet, efendim!" dedi.

Otobüs, bir süre sonra fabrikanın önünde durdu. Yolcuların çoğu ayaklandı. Ali, yol boyunca sohbet ettiği kadına, utangaç „Auf Wiedersehen!" diyerek vedalaştı. Kadın çapkınca gülerek, „Görüşmek üzere" diye yanıtladı. Onları gözleyen Alfred, inerken Ali'nin omuzuna vurup, „Seni çapkın Türk!" diyerek şakalaştı. Ali karşılık olarak ağız dolusu gülmek isteyince, dişçi koltuğunda morfinle uyuşturulmuş gibi yüzünün gerildiğini hissetti. Bunu uzun süredir gülmemiş olduğuna bağladı ve zorla da olsa gülmesini sürdürdü.

Büyük bir alana yayılan fabrikanın kapısından geçip, soyunma odalarına doluştular. İş giysilerini giyerlerken, bir radyodan haber sinyali duyuldu. Sesler azaldı. Ali'nin anlayabildiği kadarıyla, spiker şunu bildirdi:

- Federal Başbakan, Almanya'nın bir göçmen ülkesi olarak kabul edilmesinin artık zamanının geldiğini, bu nedenle yabancılar yasası ile çalışma yasa ve yönetmeliklerindeki yabancılar aleyhindeki kısıtlamaların kaldırılacağını belirterek, Alman anayasasındaki tüm haklar yabancı vatandaşlarımız için de geçerlidir, demiştir. Başbakan, ayrıca, isteyenlerin kolaylıkla vatandaşlığa geçebileceğini bildirerek, tüm yabancılara seçme ve seçilme hakkı tanınacağını, söylemiştir. Federal Başbakan, yabancılara, özellikle Türklere karşı girişilen düşmanca eylemlere göz yumulmayacağını, bunların şiddetle kovuşturularak cezalandırılacağını, vurguladı ... Bu haberi duyan Alman, Türk ve öteki yabancı işçiler:

- Hurraa!..
- Bravvooo ..! diyerek bağırıp, alkışlamaya koyuldular.

Daha sonra hep birlikte, sarmaş dolaş halay çekmeye, horon tepmeğe, karnavallarda olduğu gibi kol kola girip sallanmağa başladılar. Bu eğlence çalışma saatinin başladığını haber veren zile kadar sürdü. İstemeye istemeye birbirlerinden ayrılıp soyunma yerlerinden çıktılar.

On beş yıldır aynı *Halle*de, yanyana duran tezgahlarda çalışmakta olan Ali ile Heinz kol kola *Halle* kapısına geldiler. Çoğu kez, Ali'nin günaydınını bile almayan Heinz, onu akşam bira içmeye davet etti. Ailece görüşmekten mutlu olacaklarını da söyledi ve Ali'ye elini uzattı. Ali, Heinz'in boynuna sarılıp yanaklarından öpmemek için kendini zor tuttu. Nemli gözlerle, dostça bakıp başını eğerek „peki" dedi. Heinz, Ali'nin elini alışılmadık biçimde sıkıyor ve durmadan sallıyordu. Ali bir yandan elini kurtarmak istiyor, bir yandan da ayıp olmasın diye sabrediyordu. 27

Neden sonra, Ali kolunu sıkanın Heinz değil karısı olduğunun, „Haydi gülüm kalk! Saat çaldı, geç kalacan!" diyerek kendini sarstığının ayrımına vardı. Gözlerini zorla açtı. Pencereye doğru baktı. Henüz tanyeri bile atmamıştı. Cama sinsi bir yağmurun taneleri vuruyordu. Ali, bir kez esnedi, sonra „*Scheiße!*" diyerek kalktı.

EIN SCHÖNER TAG IM GELOBTEN LAND

Ali Aydın arbeitete in einer Duisburger Eisen- und Stahlfabrik. Er war erschöpft, als er ins Bett ging. Das moderne Bett, das er für zweihundert Mark von einem Altmöbel-Händler gekauft hatte, paßte nicht zu der alten Wohnung. Gegen Abend war sein Landsmann Süleyman mit seiner Familie gekommen. Sie hatten bis Mitternacht gesessen. Ali und Süleyman hatten sich wie immer über dies und das unterhalten: über die Ausländerfeindlichkeit, die sie jeden Tag zunehmend erlebten, über die Rückkehrwelle in die Türkei. Ali war sehr müde. Der schwarze Tee in den kleinen Gläsern konnte ihn nicht wachhalten. Er war schläfrig und gähnte heimlich. Als die Süleyman's weg waren, warf sich Ali ins Bett. Er schaute liegend eine Weile die Landkarte der Türkei an, die an die Wand gehängt war. Seine Augenlider wurden ihm langsam schwer, und er schlief ein.

Nach einer Zeit kam es ihm vor, als hätte er einen Hahnenschrei aus der Ferne gehört. Ob er in der Heimat war? „Nein, das darf nicht wahr sein!" Aus dem Fenster sah er nicht die gelben Hügel, sondern lange Fabrikschornsteine. Plötzlicher Sonnenschein, der durch die Wolkenwand gedrungen war, füllte das ganze Zimmer. Die Möbel und die Sachen verloren ihre Konturen. Sie wurden silber-rot. Das Zimmer verwandelte sich in ein Zimmer aus einem Märchenschloß. Plötzlich fand sich Ali inmitten dieses Zimmers wieder.

Etwas weiter von ihm entfernt stand ein Kristallspiegel. Er ging zum Spiegel und betrachtete eine Zeit lang sein Gesicht. Dann begann er, wie er es gewohnt war, sich zu rasieren. Während er sich rasierte, machte er etwas, was er schon lang nicht mehr getan hatte. Er sang:

> *„Allı turnam bizim ele varırsan*
> *şeker söyle kaymak söyle bal söyle..."**

Es fiel ihm schwer, weil das Singen nicht zu den automatischen·Bewegungen paßte, die er jeden Morgen unbewußt machte. Trotzdem gab er nicht auf, sondern versuchte, beim Frühstück weiterzusingen. Das Frühstück hatte er vorbereitet gefunden und auf dem Tisch fehlte nichts. Nach dem Frühstück pflegte er noch ein

Glas Tee zu trinken. Dazu zündete er sich gewöhnlich eine Zigarette an. Er sah plötzlich seine Arbeitstasche, die neben der Tür lag. Er stand auf und nahm die Tasche in die Hand. Die Tür ging von allein auf. Er ging durch die goldgefärbte Tür hinaus.

Er war auf dem Flur und fühlte sich ganz leicht, als wäre er die Anziehungskraft der Erde losgeworden. Er ging die alte Treppe hinunter. Die Treppe, die sonst schrecklich quietschte, gab diesmal keinen Laut von sich. Im Treppenhaus traf er seinen Nachbarn, Herrn Müller. Ali wartete, daß der Nachbar ihm wie immer den Rücken zudrehen und in seine Wohnung gehen würde. Aber Ali irrte sich. Herr Müller sagte sehr freundlich, was Ali erstaunte: „Guten Morgen, Herr Aydın. Das Wetter ist heute sehr schön, nicht wahr?" Ali war verblüfft und wußte nicht, wie er darauf antworten sollte. Endlich sagte er stotternd: „Ja, ja..." Bevor er zu sich gekommen war, war er schon auf der Straße. Es war wirklich ein sonniger Tag. Der Himmel war ganz blau. Er konnte die Straße nicht wiedererkennen. Die Straße mit ihren kasernenartigen Häusern, die vor Jahren für die polnischen Gastarbeiter gebaut worden waren und jetzt von Bürgern türkischer Abstammung bewohnt wurden, war heute gepflegt und sehr sauber. So sah die Straße wie eine 'richtige deutsche Straße' aus.

29

Ali suchte das an eine Gartenwand geschmierte „Türken raus!", fand es aber nicht. Stattdessen sah er da eine andere Schrift, die auf einem weißen Grund zweisprachig geschrieben war. Er las langsam und leise:

„Leben
einzeln und frei wie ein Baum
und brüderlich wie ein Wald.
Das ist unsere Sehnsucht."

Das gefiel ihm und er nickte zustimmend mit dem Kopf. Er lief die Straße entlang und sah, daß zwei alte deutsche Frauen ihm entgegenkamen. Die beiden waren Nachbarinnen von Ali und wohnten im Nebenhaus. Sie wechselten nicht auf die andere Straßenseite, woran Ali gewöhnt war. Als sie näher kamen, lächelten sie ihn an. Ali war diesmal nicht verwirrt und grüßte sie mit dem Kopf. Er sagte dabei ganz leise: „Guten Morgen, meine Damen."

Ali bekam gute Laune und sein Körper war mit Lebensfreude erfüllt.

Auf dem Weg zur Bushaltestelle pfiff er eine lustige Melodie. Während er auf den Bus wartete, wollte er eine Zigarette rauchen.

Er zog die Schachtel aus seiner Tasche. Sie war leer. Er suchte nach Kleingeld, damit er aus dem Automat Zigaretten ziehen konnte. Er hatte nicht genügend Kleingeld. Seine ganze Freude verging ihm. Jetzt mußte er zum Kiosk rübergehen. Ali wollte das nicht mehr.

Der Inhaber des Kiosk hieß 'Hinkender Fritz'. Man nannte ihn deshalb so, weil er sein rechtes Bein im Zweiten Weltkrieg an der russischen Front verloren hatte. Er war einer von denen, die sich Türken gegenüber, besonders in letzter Zeit, nicht gerade freundlich verhielten. Er verkaufte keine türkischen Zeitungen, dafür hängte er aber die Zeitungen der Neo-Nazis aufgeschlagen in das Fenster. Die Türken, die am Kiosk vorbeigingen, hörten, wie der Fritz sich mit den Pennern, die dort Bier und Schnaps tranken, unterhielt:

„Das ist einer von den Kanaken..."

„Das geht zu weit. Die vergessen, daß sie hier Gäste sind..."

„Die sollen hier abhauen..."

„Wir haben die Juden erledigt. Jetzt sind die dran..."

„Wir brauchen einen neuen Hitler..."

Solche Gespräche hatte Ali auch gehört. Sie wiederholten sich jetzt in Alis Kopf wie eine endlose Tonbandkassette. Das hinderte ihn daran, rüberzugehen. Er lief noch eine Weile an der Haltestelle auf und ab. Seine Gewohnheit zu rauchen, ließ ihn nicht in Ruhe. Er ging langsam, ohne es zu wollen, zum Kiosk. Neben dem Kiosk tranken zwei Deutsche ihr Bier. Ali konnte nicht verstehen, daß die Deutschen so früh am Morgen Alkohol tranken. Sie hatten viele Gewohnheiten, die er nicht verstehen konnte. Aber was ging ihn das an. Als Ali an ihnen vorbeiging, drehte er seinen Kopf auf die andere Seite. Er wollte wegschauen. Aber als er hörte, daß die beiden Deutschen gleichzeitig „Guten Morgen" sagten, stolperte er. Er wäre fast hingefallen. Einer der Männer fragte: „Na, zur Arbeit?" Nachdem Ali mit „Ja, ich gehe zur Arbeit" geantwortet hatte, setzte der andere Mann das Gespräch fort: „Sie, die Türken, sind wirklich sehr fleißig. Sie haben zum Aufbau unseres Landes viel beigetragen. Sie haben uns sehr geholfen. Was hätten wir gemacht ohne sie?"

Diese Worte brachten Ali in Verlegenheit, er zuckte die Schultern. Er konnte nur lächeln. Inzwischen hatte der Fritz seinen Kopf aus dem Fenster gestreckt und hörte zu. Ali drehte sich zu ihm und sagte: „Eine HB bitte!" Fritz reichte ihm die Zigaretten mit deutscher Höflichkeit - „bitte schön" - und fragte Ali danach, ob er türkische Zeitungen möchte. Ali antwortete verwirrt: „Ja, ja, eine Hürriyet bitte!" Nachdem er bezahlt hatte und gehen wollte, sagten alle zusammen: „Tschüß, ne!"

Als der Bus erschien, hatte er von seiner angezündeten Zigarette erst zwei, drei Züge genommen. Der Bus hielt an. Der Fahrer machte die Tür auf. Ali stieg zögernd ein. Er befürchtete, daß alles wieder so sein würde wie gestern. Er war aber beruhigt, als der Fahrer ihm den Fahrschein nicht wie immer vor die Nase schmiß, sondern mit „bitte schön" reichte. Er kannte fast alle Fahrgäste. Das waren seine deutschen Kollegen, die zwei Haltestellen vor ihm einstiegen. Sie wohnten in den Häusern, die die Firma neu gebaut hatte. Ali drehte sich mit Angst zu den Kollegen um. Alle seine Kollegen grüßten ihn freundlich: „Günaydın, Ali". Alis Augen lächelten. Er wurde zum ersten Mal von seinen Kollegen so begrüßt. Er erwiderte ebenso herzlich: „Guten Morgen."

Er blieb eine Weile stehen und suchte mit seinen Augen einen freien Platz. Nur ein Platz in der Mitte neben einer schönen und gepflegten deutschen Frau war frei. Ali ging langsam dorthin.

Als er zu der Frau kam, hielt er an. Er wartete unentschlossen und bemühte sich, dies die anderen nicht merken zu lassen. Er wartete, weil er schon öfter erlebt hatte, daß manche deutsche Frauen aufstanden oder murmelten: „Gibt es keinen anderen Platz", wenn sich ein Türke neben sie setzte. Er sagte sich: „Ich brauche mir den schönen Tag nicht zu verderben... Es ist ja auch nicht so weit bis zur Fabrik."

Während Ali daran dachte, machte die blonde Frau lächelnd den Platz frei. Ali sagte „danke" und setzte sich vorsichtig neben sie. Er beugte seinen Kopf nach vorne. Er wagte nicht, sich umzusehen, weil er Angst davor hatte, daß sich alles ändern würde. Plötzlich sagte er sich, „was passieren muß, muß passieren" und hob seinen Kopf. Er sah das Warnschild, das an der Glaswand hinter dem Fahrer hing. Der Halbmond und der Stern der türkischen Fahne auf dem Schild, das in jedem Bus und jeder Straßenbahn zu sehen war, entsprachen dem Original. Auf dem Schild stand heute anstelle der alten Warnung, die in türkisch Schwarzfahrern mit einer Bußgeldstrafe drohte, eine neue Erklärung: „Wir danken unseren türkischen Mitbürgern, daß sie mit öffentlichen Verkehrsmitteln fahren..."

Während der Fahrt staunte Ali immer mehr und wurde immer

fröhlicher. Niemand im Bus starrte ihn feindlich an. Sie lächelten ihm zu, wenn ihre Blicke sich trafen. Alle waren lustig und fröhlich. Aber Ali verging fast die Freude, als er die 'Bildzeitung' in der Hand der Nachbarin sah. Er schaute flüchtig hin. Nun, es gab keine Schlagzeilen über 'Mord' oder 'Drogen', die mit Türken zu tun hatten. Als erste Nachricht war die Presseerklärung des Vorsitzenden der Partei 'Christlich Soziale Union' über die Türken abgedruckt. Ein Satz, der die Türken lobte, war groß gedruckt: „Sie sind unsere opferbereiten und treuen Mitbürger..." Die Frau sagte: „Das ist richtig", während sie den Satz zeigte: „Keiner kann die Türken zur Rückkehr zwingen..." Ali antwortete mit einer sicherer gewordenen Stimme: „Jawohl, meine Dame." Nach einiger Zeit hielt der Bus vor dem Fabriktor an. Die meisten Fahrgäste standen auf. Ali verabschiedete sich von der Frau und sagte sehr zurückhaltend: „Auf Wiedersehen." „Tschüs", sagte die Frau lächelnd und verführerisch einladend. Alfred, der die beiden beobachtete, klopfte Ali beim Aussteigen auf die Schulter und sagte aus Spaß: „Du türkischer Don Juan, paß auf." Als Ali darauf aus vollem Halse lachen wollte, war sein Gesicht so angespannt, als hätte er auf dem Zahnarztstuhl eine Betäubungsspritze erhalten. Er führte das darauf zurück, daß er schon lange nicht mehr gelacht hatte, und er lachte mit Mühe weiter.

Deutsche und Ausländer gingen durch das Tor der Fabrik, die sich über ein großes Gelände hinzog. Sie füllten die Umkleideräume. Während sie ihre Arbeitskleider anzogen, ertönte ein Nachrichtensignal aus dem Radio. Die Stimmen wurden leise. Soweit Ali verstehen konnte, teilte ein Nachrichtensprecher folgende Nachricht mit:

„Der Bundeskanzler erklärte heute, daß die Zeit gekommen sei, die BRD als Einwanderungsland anzuerkennen, und er meinte, daß die Einschränkungen gegen Ausländer im Ausländergesetz, im Arbeitsförderungsgesetz sowie in den anderen Rechtsvorschriften abgeschafft werden und alle Rechte in der deutschen Verfassung auch für ausländische Mitbürger gültig seien. Der Kanzler sagte weiter, daß kein Türke, der arbeitslos geworden ist, abgeschoben wird, und daß der Erwerb der deutschen Staatsbürgerschaft erleichtert wird. Er teilte weiter mit, daß das aktive und passive Wahlrecht für alle ausländischen Mitbürger gewährleistet werde. Der Bundeskanzler betonte, daß ausländerfeindliche Aktivitäten, die besonders gegen Türken gerichtet sind, in Zukunft nicht toleriert, sondern streng verfolgt und bestraft würden..."

Als die deutschen, türkischen und die Arbeiter aus den anderen Ländern diese Nachricht hörten, fingen sie an zu jubeln und zu klatschen: „Hurra, hurra, hurraaaa! Bravo, yaşasın, bravoooo!" Danach begannen alle Arbeiter Hand in Hand Sirtakis und Halay zu tanzen und wie in der Karnevalszeit zusammen zu schunkeln. Diese Feier dauerte, bis eine Sirene den Arbeitsbeginn ankündigte. Ohne es zu wollen, trennten sie sich voneinander und gingen aus dem Umkleideraum.

Ali und Heinz, die seit 15 Jahren zusammen an nebeneinander stehenden Werktischen arbeiteten, kamen Hand in Hand zum Halleneingang. Heinz, der Ali oft nicht einmal guten Tag sagte, lud ihn ein, nach Feierabend mit ihm ein Bier zu trinken. Heinz sagte noch, daß er und seine Frau sich freuen würden, wenn sie mit Alis Familie Kontakt haben könnten. Schließlich reichte er Ali seine Hand, um sie zu schütteln. Beinahe hätte er Heinz umarmt und seine Wange geküßt. Er blickte Heinz freundlich und mit nassen Augen an und sagte: „Einverstanden." Heinz drückte aber Alis Hand ganz fest und schüttelte sie ungewöhnlich heftig und lange weiter. Ali wollte einerseits seine Hand freibekommen, wollte andererseits aber zu Heinz nicht unhöflich sein und hielt aus. 33

Nach einer Weile unterschied er, daß es nicht Heinz war, der ihm die Hand ständig schüttelte, sondern seine eigene Frau. Sie sagte: „Ali, meine Rose, komm, steh' auf! Der Wecker hat geschellt, du wirst dich verspäten." Ali machte seine Augen nur schwer auf. Er schaute zum Fenster. Es war noch dunkel, und die Tropfen eines listigen Regens schlugen an das Fensterglas. Er gähnte. Dann sagte er „Scheiße!" und stand schnell auf.

*»Mein Kranich mit rötlichen Federn
wenn du über meine Heimat fliegst
Du sollst Gutes über mich berichten
wie Zucker, Sahne, Honig...«

FAKİR BAYKURT

BIOGRAPHIE

Geboren 1929 in Akçaköy

Ausbildung als Lehrer. Studium
der Pädagogik in Ankara, danach
einjähriges Studium an der State
University in Indiana/USA

Mehrere Jahre Tätigkeit
als Gymnasiallehrer

Bis 1971 Vorsitzender der
Türkischen Lehrergewerkschaft

Lebt seit 1979
in der Bundesrepublik in
Duisburg und arbeitet als Lehrer

Preise:
1958 Yunus Nadi Preis
1970 TRT Preis
1971 TDK Preis (Institut zur
Pflege der türkischen Sprache)
1974 Sait Faik Preis
1978 Orhan Kemal Preis
1984 Kinder-Literatur Preis des
Berliner Senats
1985 BDI Preis

Schreibt in Türkisch

Mitglied im
Verband Deutscher Schriftsteller
und im Literaturkreis
Türkischer Schriftsteller in NRW

ÖZGEÇMİŞ

1929'da Akçaköy'de doğdu

Gönen Köy Enstitüsünü bitirdi

Beş yıl köy öğretmenliği yaptı
Gazi Eğitim Enstitüsün'de
yüksek öğrenim, USA-
Bloomington Indiana Üniversi-
tesi'nde uzmanlık eğitimi
gördü

Ortaokul öğretmenliği,
ilköğretim müfettişliği, folklor
uzmanlığı, Kültür Bakanlığı
danışmanlığı görevlerinde
bulundu

TÖS ve TÖDMF gibi büyük
öğretmen kuruluşlarının genel
başkanlığına seçildi

1979 yılından beri Federal
Almanya'nın Duisburg kent-
inde yaşıyor

Ödülleri:
1958 Yunus Nadi Ödülü
1970 TRT Ödülü
1971 TDK Ödülü
1974 Sait Faik Ödülü
1978 Orhan Kemal Ödülü
1984 Berlin Senatosu Çocuk
Yazını Ödülü
1985 Federal Almanya'da
BDI Ödülü

Türkiye Yazarlar Sendikası,
Türk Dil Kurumu, Alman
Yazarlar Birliği ve Kuzey Ren
Vestfalya Türkiyeli Yazarlar
Çalışma Grubu üyesi

BIBLIOGRAPHIE /
YAPITLARI

Hauptwerke in türkischer
Sprache:
Yılanların Öcü
Irazca'nın Dirliği
Kara Ahmet Destanı
Onuncu Köy
Kaplumbağalar
Amerikan Sargısı
Tırpan
Efkar Tepesi
Kerem ile Aslı
Efendilik Savaşı
Çilli-Karın Ağrısı-Cüce
Anadolu Garajı
On Binlerce Kağnı
Can Parası
Köygöçüren
İçerdeki Oğul
Keklik
Sınırdaki Ölü
Şamar Oğlanları
Sakarca
Yayla
Kalekale
Yandım Ali
Topal Arkadaş
Sarı Köpek
Barış Çöreği
Gece Vardiyası
Yüksek Fırınlar
Dünya Güzeli
Saka Kuşları
Koca Ren
Duisburg Treni
Bir Uzun Yol
Bizim İnce Kızlar

Deutsche Übersetzungen /
Almanca'ya çevirilen yapıtları:
Die Rache der Schlangen,1964/1981
Mutter Irazca und ihre Kinder, 1981
Das Epos von Kara Ahmet, 1984
Die Friedenstorte 1981 / 1994
Die Schönste der Welt, 1987
Die Stieglitze, 1987
Die Salbe, 1988
Strafversetzt, 1988
Sakarca, 1988
Ein langer Weg, 1992
Nachtschicht, 1994

ARDIÇ DALI KIZ

Evvel zaman içinde, kalbur saman içinde, mutsuz bir karı koca vardı. Bunların çocuğu olmuyordu. Gece gündüz Tanrıya yalvarıyorlardı: „Ne olur bize bir çocuk! Tanrım, bize bir çocuk! Bize bir çocuk ver de, isterse bir ardıç dalı olsun! Gidip ardıçlara otursun!." diyorlardı.

Böyle böyle çok dua ettiler. Bir yandan da şehirdeki doktora gittiler. Aylarca, günlerce ilaç içtiler. Sonunda bunların bir kızı dünyaya geldi. Ama bu kız bilinen kızlardan değil, bir ardıç dalı idi. İnanamadılar.. Gören şaşıyor: „Hiç ardıç dalından kız mı olur?" diye soruyordu.

„Tanrı verince neden olmasın? Tanrı bize duamıza göre verdi!" deyip kızı sevdiler, sevdiler, sonra götürüp ormanın kıyısındaki ardıçların içine bıraktılar.

Gel zaman, git zaman, kız büyüdü. Orada ardıçların arasında yaşıyordu. Ancak geceleri, bütün insanlar uyuduktan sonra kalkıp biraz dolaşıyor, sonra gene yerine, ardıçların arasına geliyordu. „Açılın ardıçlarım açılın!" diyor, ardıçlar açılınca, ortalık ışımadan yerine girip saklanıyordu.

Padişahın oğlu evlenme yaşına gelmişti. Deli! Saraydaki kızları beğenmiyordu. Padişah vezirini çağırdı: „Oğlumu götür, bir ay gezdir. Beğendiği bir kız olursa gel bana haber ver. İsteyip alalım. Düğünlerini yapalım. Ama dikkat et: Oğlum kendi beğenecek! Kendi sevdiği kızla evlenecek!..." dedi.

Vezirle padişahoğlu yola çıktılar. Geze geze ardıç dalı kızın yurduna geldiler. Akşam oldu, ormanın kıyısına çadır kurdular. Birkaç keklik vurdular. Yolup közleyip yediler. Vezir, padişahoğlunun yatağını kendi yapıyordu. „Ah bu deli oğlan! Benim kızı da beğenmedi!" diyordu. Ona hem kızıyor, hem böyle hizmet ediyor, gözüne girmeğe çalışıyordu. Altın şamdanı başucuna, gümüş şamdanı ayakucuna, şerbetini baş ucuna koyuyordu.

Geceleyin ardıç dalı kız gene uyandı... Dolaşarak çadırların yanına geldi... Birinin içine girdi... Baktı ay parçası bir oğlan uyuyor!.. „Yok yok! Ay parçası değil bu, can parçası!." diye söylendi. Oturup seyretmeğe başladı... Bir türlü bırakıp gidemiyordu... O ara, iş olsun diye şamdanların yerini değiştirdi. Şerbeti içti. Oğlanı da alnından öptü. Sabah olmadan çıktı gitti. „Açılın ardıçlarım açılın!" dedi yerine varınca. Ardıçlar açıldı. Ortalık ışımadan saklandı.

Padişahoğlu sabaha karşı uyandı. Baktı şerbet yok. Baktı şamdanların yerleri değişmiş. Sabahleyin vezire sordu: „Neler olup bitiyor, hiç anlamıyorum; sen anlıyor musun?"
„Bunda bir acayiplik var!" dedi vezir.
O gün de bir kaç keklik vurdular. Yolup közleyip yediler. Uyku zamanı gelince, şamdanları dikip, şerbeti başucuna koyup yattılar. Gece oldu. Ardıç dalı kız gene çıkıp geldi. Girdi oğlanın çadırına. O güzelliğe bir daha hayran oldu. Gene şamdanların yerini değiştirdi. Şerbeti içti. Oğlanı alnından öptü. Oturdu epey bir süre seyretti. Sonra geri gitti: „Açılın ardıçlarım açılın!" dedi. Ardıçlar açıldı. Ortalık ışımadan yerine saklandı.
Sabah oldu, uyanıp baktılar, gene aynı durum.
„Mutlaka bunda bir iş var! Ne olduğunu anlamak için bu gece nöbet tutacağız!" dediler.
Gene av yaptılar, keklik vurdular.
Padişahoğlu, „Nöbeti kendim tutacağım!" dedi.

Ama uyku küçük ölüm. Uyanık kalmak için elini kanattı. Kanattığı yere tuz bastı. Gece yarıyı geçerken ardıç dalı kız usulca çıkıp geldi. Şamdanların yerini değiştirdi. Şerbeti içti. Padişahoğlunu öpüyordu, yakalandı. Bileğinden tuttu delikanlı: „Benimsin, çabalama!" dedi.
„Herhal sen de benimsin! Değilse ne işim var gece yarısı buralarda?"
„Evet, benim de ne işim var buralarda?"
„Ama ben senin bildiğin kızlardan değilim! Çırılçıplağım bak! Bir an önce ardıçlarımın arasına dönüp giyinmeliyim!."
„Yoksa bir daha görüşmeyecek miyiz?"
„Yarın gece gene gelirim! Ama önce sen kendini tanıt, kimsin, necisin?"
„Adım şehzade Ahmet, babam padişah Mehmet..."
„Öyle mi? Benim de babam anam işte şuradalar! Ben bir ardıç dalı kız olarak dünyaya geldim!"
Padişahoğlu, „Belki böylesi daha iyidir! Yaşam arkadaşları kimi zaman böyle buluşur..." dedi.
„Biliyorum masallarda!" dedi kız. „Zaten biz de şimdi masalın içindeyiz..." „Madem öyle yarın da buluşuyoruz! Eğer birbirimizden hoşlanırsak, evleneceğiz. Söz mü?"

„Söz..."

„Kalleşlik yok değil mi?"

„Yok..."

Öpüşüp ayrıldılar. Ertesi gün padişahoğlu, „Bundan böyle şamdanları kendim yakıyorum!" dedi vezire. „Şerbetimi de kendim hazırlıyorum. Çadırıma kimse girmeyecek!.."

Vezir „Hımmm!" etti. „Bu işin içindeki iş anlaşıldı!..." Gene av yaptılar. Keklikleri yolup pakladılar. Yeyip içtiler. Uyku geldi, hazırlıklarını görüp yattılar. Gece yarıyı geçip giderken, ardıç dalı kız çıkıp geldi. Şamdanları değiştirmedi. Şerbeti içmedi. Ama oğlanla öpüştüler. Suların tatlı çağıltısı, dalların güzel hışırtısı duyuluyordu. Uzaklarda, yakınlarda çakallar, „Pauuuuvvv pauuuvvv!" havlıyordu. Çok hoş bir geceydi. Birbirlerinden çok hoşlandılar.

Vezir diyordu: „Haydi artık gidelim!"

Oğlan diyordu: „Bir gün daha! Bir güncük daha!"

Vezir baktı olmayacak, gece ilerlemeden padişahoğlunun çadırına baskın yaptı. Delikanlıyı bağladı. Bir donun, gömleğin içine ot doldurdu. Uzattı yatağın içine. Yükleri yükledi, „Diiiieh!." dedi atlara.

Ardıç dalı kız çıkıp geldi. Baktı, aradı; ot dolu bir don ile gömlek vardı, ama padişahoğlu yoktu. Üzüldü, ağladı. Sonra: „Deli!" dedi. „Beni bırakıp gitti! Ben ona gösteririm!.."

Gitti bir terziye: „Çabuk bana bir hırka ile bir şapka dik!" Terzi hırkayı, şapkayı bir hafta içinde dikip bitirdi. Kız hırkayı sırtına giydi. Şapkayı başına geçirdi. Sırtına bir de torba takındı. Düştü yollara. Az gitti, uz gitti. Dere tepe düz gitti. Sonra başkenti buldu. Baktı, başkentte yer yerinden oynuyor. Padişahoğlunun vezir kızıyla düğünü tutulmuş. Çalgılar çalıyor, çengiler oynuyor.. Ardıç dalı kız hemen saraya girmek istedi. Ama bırakmadılar. O zaman, „Ben dervişim! Önemli haberlerim var! Padişahoğlu yanıma gelsin!." dedi. Oğlan geldi, dervişe hoşgeliş etti: „Nerelerden gelirsin derviş baba? Ne haberlerin var?" diye sordu.

„Suların tatlı tatlı çağladığı, dalların güzel güzel hışırdadığı, çakalların pauuuuv pauuuv havladığı yerlerden geliyorum. Orada çadırlar öyle kurulu kalmış.. Yar gömleğine ot doldurup kaçmış.. Oralardan geliyorum." Oğlan, „Vay ardıç dalı güzelim!" diyecekti, vezir kolundan tuttu: „Şehzadem gelin geliyor!" dedi, çekti. Ama oğlan ardıç dalı kızı yanında alıp götürdü. Gelini birlikte karşıladılar. „Hayırlı uğurlu olsun! Kimin kızını alıyorsun?" diye

sordu ardıç dalı kız. Oğlanın yüreği sızım sızım sızlıyordu: „Biraz sabret ardıç dalı güzelim! Beni benlikten çıkardılar, sersem sepet biri yaptılar. Sen çıkıp gelmesen gene de ayılmazdım! Lütfen biraz sabret! Hem de gerektiğinde bana yardım et!."
Gelinle birlikte baklavası geliyordu. Oğlan bir daha sordu: „Yeniden söyle dervişim, nerelerden gelirsin?"
„Geldiğim yerlerde sular çağıldar, dallar hışırdar.. Çakallar pauuuv pauuuv havlar.. Orada çadırlar kurulu kalmıştır.. Yar gömleğine ot doldurup kaçmıştır.. Oralardan geliyorum.."
Padişahoğlu: „Yar kaçmamış, kaçırılmıştır!" dedi. „Biraz daha sabret ardıç dalı güzelim! Bu işin nasıl olduğunu sen de, ben de birlikte anlayacağız! İşte gördün, daha baklavasını yemedim. Şimdi doğru babama gideceğiz!."
„Dur! Nereye gidiyorsun? Dur!." diye bağırdı vezir. Oğlanın yanından hiç ayrılmıyordu. Delikanlı onu itti. Dosdoğru babasının yanına vardı: „Beni de, seni de kandıran bu alçağı ne yapacaksan yap! İşte sevdiğim güzel budur! Bu da beni seviyor ki, arkamdan geldi! Halka gösterdiğin adaleti bize de göster.." dedi.
Padişah, oğlanı da, kızı da ayrı ayrı dinledi, sonra kolunu kaldırdı yukarıya: „Düğün dursun! Bu işi araştırıp soruşturacağım!.."
Araştırıp soruşturma üç gün sürdü. İşin doğrusu ortaya çıkınca veziri görevinden çıkarıp attı. Telli duvağının içinde bekleyen kızını yanına çağırıp özür diledi: „Yanlış hesap Bağdat'tan döner vezirkızı! Bir yanlışlık oldu. Kusura bakma!" dedi.
Ardıç dalı kızın anasına, babasına çağrılar gitti. Yedi gün sonra bir düğün daha başladı. Ardıç dalı kızla padişahoğlu evlendiler.
Ardıç dalı kız soyunup döküldü. Arınıp kurundu. Pamuk gibi bir kız oldu. Güzel bir günün akşamında, çalgılar çalarken, çengiler oynarken erdiler muratlarına. Darısı bütün sevenlerin başına...
Gökten düşen elmalar da onlara...

DAS WACHOLDERMÄDCHEN

Vor langer, langer Zeit lebten einmal ein Mann und eine Frau.
Sie waren sehr unglücklich, denn sie bekamen keine Kinder. Tag
und Nacht flehten sie zu Gott:
„Was ist denn schon dabei, wir möchten ein Kind haben! Schenke
uns doch ein Kind! Es kann auch der Zweig eines Wacholder-
strauches sein! Dann wohnt es eben zwischen den Wacholder-
sträuchern ...“
So beteten sie oft. Außerdem suchten sie noch alle Ärzte der Stadt
auf und nahmen tagelang, monatelang Arzneien ein.
Schließlich bekamen sie eine Tochter, doch das Mädchen war
nicht so wie andere Mädchen, es war der Zweig eines Wacholder-
strauches. Sie konnten es kaum fassen ...
Alle, die das Mädchen sahen, staunten: „Kann man denn den
Zweig eines Wacholderstrauches zur Tochter haben?“
„Warum denn nicht, wenn Gott es uns gegeben hat? Gott hat sie
uns so geschenkt, wie wir zu ihm gebetet haben!“ sagten die El-
tern. Sie liebten ihre Tochter. Später setzten sie sie mitten zwi-
schen die Wacholdersträucher am Rande des Waldes.
Die Zeit verstrich und das Mädchen wuchs heran. Es lebte dort
inmitten der Wacholdersträucher. Doch nachts, wenn alle Men-
schen schliefen, stand es auf und spazierte herum. Danach begab
es sich wieder an seinen Platz zwischen den Wacholdersträuchern.
Der Sohn des Padischah war ins heiratsfähige Alter gekommen.
Dieser Verrückte! Die Mädchen im Palast gefielen ihm nicht. Der
Padischah rief nach seinem Wesir: „Nimm meinen Sohn und reise
mit ihm einen Monat lang herum. Findet er ein Mädchen, das ihm
gefällt, so gib mir Bescheid. Wenn er sie mag, bin ich ein-
verstanden. Dann werden wir die Hochzeit feiern. Doch paß gut
auf: Mein Sohn muß es mögen! Er soll das Mädchen heiraten, das
er liebt!“
Der Sohn des Padischah und der Wesir machten sich auf die Reise.
Während sie hierhin und dorthin reisten, kamen sie in die Gegend,
in der das Wacholdermädchen wohnte. Es war Abend geworden.
Sie schlugen ihr Zelt am Waldesrand auf. Sie schossen ein paar
Rebhühner, rupften und brieten sie. Dann aßen sie sie. Der Wesir

machte das Bett des Prinzen. „Ach, dieser verrückte Junge! Meine Tochter hat er auch nicht gemocht!" Er war böse auf ihn, doch er bediente ihn trotzdem. Den Scherbett des Prinzen stellte er an das Kopfende des Bettes, den goldenen Leuchter auch, und an das Fußende stellte er den silbernen Leuchter.

Es war Nacht, - das Wacholdermädchen war wieder aufgewacht, - es wanderte umher und kam in die Nähe der Zelte. Es betrat eines der Zelte, und was sah es da! Einen schlafenden Jüngling, schön wie ein Mondsplitter! „Nein, nein! Er ist nicht ein Splitter des Mondes, er ist ein Splitter der Seele!" sagte sich das Mädchen. Es setzte sich hin und betrachtete ihn. Es konnte nicht von ihm ablassen, nicht fortgehen. Um nicht müßig herumzusitzen, vertauschte es die beiden Leuchter und trank den Scherbrett aus. Es küßte den Jüngling auf die Stirn, und bevor noch der Morgen graute ging es fort. Als es seinen Platz erreichte, sagte es: „Öffnet euch, meine Wacholdersträucher, öffnet euch!"

Die Wacholdersträucher machten ihm Platz, und noch bevor es hell wurde, hatte es sich versteckt.

Gegen Morgen erwachte der Prinz. Sein Scherbett war ausgetrunken, die Leuchter hatten ihren Platz gewechselt!

Er fragte den Wesir:

„Das ist merkwürdig!" fand der Wesir.

An jenem Tag schossen sie ein paar Rebhühner, rupften und brieten sie und aßen sie. Als es Zeit zum Schlafen war, stellten sie die Leuchter und den Scherbett dorthin, wo sie immer standen und legten sich hin. Es wurde Nacht. Und wieder kam das Wacholdermädchen und schlüpfte in das Zelt des Prinzen. Wieder war es von seiner Schönheit geblendet und erstaunt. Und wieder vertauschte es die Leuchter und trank den Scherbett und küßte den Prinzen auf die Stirn. Es setzte sich hin und schaute eine ganze Weile auf den Prinzen. Dann ging es wieder zu den Wacholdersträuchern: „Öffnet euch, meine Wacholdersträucher, öffnet euch!" Und noch bevor es hell wurde, hatte es sich versteckt.

Morgens wachten der Prinz und der Wesir auf und schauten sich um. Es war wie gestern.

„Dahinter steckt bestimmt etwas! Doch um das herauszubekommen, werden wir heute nacht Wache halten!" sagten sie.

Sie gingen wieder auf die Jagd und schossen Rebhühner. Der Prinz sagte: „Ich werde heute nacht Wache halten!" Doch der Schlaf ist wie ein kurzer Tod. Um sich wachzuhalten, stach er sich in die Hände, bis sie bluteten. Auf die blutenden Stellen streute er Salz. Kurz nach Mitternacht kam das Wacholdermädchen angeschlichen. Es vertauschte die Leuchter und trank den Scherbett. Als es den Prinzen küßte, packte er das Mädchen am Handgelenk: „Du bist mein, gibt dir keine Mühe!" sagte der Prinz.

„Ganz sicher bist du auch mein! Wenn nicht, was hätte ich hier sonst um Mitternacht zu suchen?"

„Ja, und was habe ich hier zu suchen?"

„Doch ich bin kein solches Mädchen, wie du sie kennst! Schau, ich bin splitterfasernackt! Ich muß mich sofort anziehen und mich zwischen meine Wacholdersträucher stellen!"

„Wie, dann treffen wir uns nicht noch einmal?"

„Morgen nacht komme ich wieder. Stell dich doch erst einmal vor. Wer bis du, was machst du?"

„Ich heiße Ahmet, und der Padischah Mehmet ist mein Vater ..."

„Wirklich? Meine Eltern stammen von hier.! Ich bin als Wacholderstrauchzweig zur Welt gekommen ..."

„Vielleicht ist das besser so. Manchmal begegnen sich Freunde fürs Leben auf diese Weise ..." sagte der Prinz.

„Ich weiß, wie in den Märchen ... Wir sind im Moment sowieso mitten im Märchen ..."

„Morgen treffen wir uns wieder! Wenn wir uns mögen und Gefallen aneinander finden, dann heiraten wir. Versprichst du mir das?"

„Du hast mein Wort ..."

„Du brichst dein Wort auch nicht?"

„Nein ..."

Sie küßten sich und gingen auseinander. Am nächsten Tag sagte der Prinz zum Wesir: „Von jetzt ab werde ich die Leuchter selber anzünden! Und ich werde auch meinen Scherbett selber zubereiten. Niemand soll mein Zelt betreten ...!"

„Hmm!" machte der Wesir, „Er weiß, was hinter der Sache steckt ..."

Sie gingen wieder auf die Jagd, rupften die Rebhühner und nahmen sie aus. Sie aßen und tranken. Als sie müde waren, machten sie sich fertig und legten sich hin. Kurz nach Mitternacht kam das Wacholdermädchen. Es tauschte weder die Leuchter aus, noch trank es den Scherbett. Die beiden küßten sich. Sie hörten das leise Plätschern des Wassers und das sanfte Rauschen der Zweige. - Schakale heulten, nah und fern. Es war eine wunderbare Nacht.

Der Wesir sagte: „Komm, laß uns endlich heimkehren!"

„Ach, noch einen Tag! Nur noch einen kurzen Tag!"

Der Wesir sah es ein, er würde den Prinzen nicht überreden können. In den frühen Nachtstunden drang der Wesir in das Zelt des Prinzen ein und durchsuchte es. Er fesselte den jungen Mann, nahm eine Hose und ein Hemd von ihm, stopfte Gras hinein und legte sie ins Bett. Dann bepackte er die Pferde und spornte sie mit einem „Hüüh!" an.

Das Wacholdermädchen kam und schaute sich suchend um. Da lagen eine Hose und ein Hemd, vollgestopft mit Gras, - aber kein Prinz. Es war traurig und weinte. Dann sagte es: „So ein Verrückter! Er ist ohne mich fortgegangen! Aber ich werde es ihm schon zeigen!"

Das Mädchen ging zum Schneider: „Nähe mir schnell ein Derwischwams!"

Innerhalb einer Woche war das Wams fertig.

Das Mädchen zog das Wams an und setzte sich eine Mütze auf. Es hängte sich einen Beutel über die Schulter und machte sich auf den Weg. Und es ging und ging. Es ging über Stock und Stein. Es fragte hier fragte dort. Dann kam es in die Hauptstadt. Dort herrschte wildes Getümmel und Durcheinander. Man feierte eine Hochzeit, der Sohn des Padischah heiratete die Tochter des Wesirs. Es wurde getanzt und gesungen, musiziert und gelacht ...

Das Wacholdermädchen wollte sofort in den Palast hinein, doch man ließ es nicht. Da sagte es: „Ich bin ein Derwisch! Ich habe wichtige Nachrichten zu überbringen! Der Sohn des Padischah soll zu mir kommen!"

Der Prinz kam und hieß den Derwisch herzlich willkommen: „Ehrwürdiger Derwisch, woher kommst du? Was hast du für Nachrichten?"

„Ich komme von dort, wo die Wasser leise plätschern, die Zweige sanft rauschen und die Schakale heulen. Die dort aufgeschlagenen Zelte sind stehengeblieben. Der Geliebte hat Gras in sein Hemd gestopft und sich aus dem Staub gemacht. Von dort komme ich her ..."

Gerade wollte der Prinz sagen: „Ach, mein schöner Wacholderzweig!" da zog ihn der Wesir am Arm: „Die Braut kommt, mein Prinz!"

Doch der Prinz ging mit dem Wacholdermädchen zusammen zur Braut und stellte die beiden einander vor.

„Meine Glück- und Segenswünsche!

Wessen Tochter nimmst du zur Frau?" fragte das Wacholdermädchen.

Es zerriß dem Jungen Mann das Herz: „Mein schönes Wacholdermädchen, hab ein wenig Geduld! Sie haben mich vollkommen verändert, ich bin wie betäubt, wie benommen. Wärest du nicht hergekommen, ich wäre nicht zur mir gekommen! Bitte, hab noch etwas Geduld! Und stehe mir in allen Dingen bei!"

Mit der Braut zusammen wurde auch der Baklava gebracht.

Noch einmal fragte der junge Mann: „Sage mir, mein Derwisch, wo kommst du her?"

„Dort wo ich herkomme, plätschert das Wasser leise, die Zweige rauschen sanft und die Schakale heulen. Aufgeschlagene Zelte blieben aufgeschlagen. Der Geliebte stopfte Gras in sein Hemd und ist geflohen. Von dort komme ich her ..."

„Der Geliebte ist nicht geflohen, er wurde entführt! Hab noch ein wenig Geduld, mein schönes Wacholdermädchen! Wir beide, du und ich, werden bald verstehen, wie das geschehen ist. Sieh doch, ich habe ihren Baklava noch nicht angerührt, noch nicht davon gegessen. Wir gehen jetzt sofort zu meinem Vater!"

„Halt! Wohin gehst du? Bleib stehen!" schrie der Wesir. Er wich dem jungen Mann nicht von der Seite.

47

Der Prinz stieß ihn weg und ging geradewegs zu seinem Vater: „Mach mit dem Schuft, der mich und auch dich betrogen hat, was du willst! Sieh, dies ist die Schöne, die ich liebe! Und sie liebt mich so sehr, daß sie mir bis hierher gefolgt ist! Übe an uns die gleiche Gerechtigkeit, die du auch deinem Volk widerfahren läßt ..."

Der Padischah hörte beiden, seinem Sohn und dem Mädchen zu, dann hob er seinen Arm: „Schluß mit der Hochzeit! Ich werde mich nach allem, was mit der Hochzeit zu tun hat, erkundigen und herumfragen!"

Die Nachforschungen und Erkundigungen dauerten drei Tage. Als die volle Wahrheit an den Tag kam, entließ er den Wesir. Dann rief er nach der Braut. Sie saß noch immer mit ihrem mit Gold- und Silberfäden durchwirkten Brautschleier und wartete. Der Padischah bat sie um Verzeihung: „Tochter des Wesirs, früher oder später werden alle Lügen aufgedeckt! Das ganze war ein Irrtum, bitte, entschuldige!"

Man lud die Eltern des Wacholdermädchens ein, und nach sieben Tagen feierte man die neue Hochzeit.

Das Wacholdermädchen wurde dem Sohn des Padischah zur Frau gegeben.

Man zog das Wacholdermädchen aus, wusch es und trocknete es ab. Es wurde schneeweiß, weiß wie Watte.

Und an einem Abend eines der schönen Hochzeitstage, - die Musik spielte und die Tänzerinnen tanzten, - gelangte das Brautpaar an das Ziel seiner Wünsche.

Möge allen Liebenden das gleiche Glück beschieden sein ...

48

MONİCA

Olympia Yazı Makineleri Fabrikası'nda çalışan Çorumlu Hüsniye Cantürk, sancıları peş peşe gelmeğe başlayınca, kalktı Elisabeth Hastanesi'ne gitti. Gebeliğini anladığı günden beri gelip gittiği doktora teslim olacaktı. Başka doktorlara karnını, göbeğini elletmek istemiyordu. Hele doğumda, «Aman Allah!» temelli rezillik olurdu. Geldiği zamanki kafasına kalsa, gavur doktorlarına sadece karın göstermek biçimindeki muayeneleri bile yaptırmazdı. Nitekim arada bir hastalandığı zaman hemen doktora gitmiyordu. Ama doğum başkaydı. Üstelik bu ilkiydi. Çok korkuyordu.

Hastanenin kapısında birkaç sözcükle anlattılar: Doğumu çok yaklaşanları kalemde, kayıtta, yarım saat, bir saat bekletmezlermiş. O yüzden Acil'e aldılar.

Acil'e aldılar, gık diyemedi. Çünkü daha kapıdan girerken sancıları yeniden geldi. Adamakıllı kıvrandırdı. Ama sıktı dişlerini. Oflayıp inleyip herkesi kendine baktırmak istemiyordu. Yazıcı kıza, ille eski doktoruna teslim olmak istediğini söyleyecekti, sancıları yeniden gelince, vazgeçti. «Iııh! Mıııh!..» diyerek çöktü. Kırık dökük bir Almanca'yla ve iniltiyle doğurmak üzere olduğunu söyledi.

Hastanede iyi işleyen bir iç haberleşme düzeni vardı. Düğmelere basıp bir şey söylediler mi, karşıdakiler duyup gerekeni yapıyorlardı. Elisabeth Hastanesi'nin disiplini de fena değildi. Hemen iki hastabakıcı bir sedye koşturup getirdiler. Yatırdılar üstüne. Asansörle üçüncü kattaki Doğum Bölümü'ne çıkardılar.

Aah, şimdi kocası Kara Cemal başında olacaktı! Acı bir telgraf geldi Alaca'dan. Anası çok ağırmış. Beş gün önce bir bilet bulup uçtu. Kara Zehracık öldü herhal. Yada ölmek üzere. Dönüp gelemedi. Bereket versin Hamzalı'dan İbrahim Turaç ağabey gececiydi. Kapıda oynaşan çocuklardan biriyle Sultan yengeye haber yolladı. İnsanlıklı adam, hem candan ilgilenir, hem de başını kaldırıp eğri bakmaz, koşup geldi, arabadır, taksidir, hepsini bulup çattı. Kara Cemal inşallah dönüp gelsin, bütün bunları bir bir anlatacak: «İlk sıpamı başımda sen yokken kunladım! Bu da benim şansımdanmış hey adam!..» diyecek.

49

Şimdi iyice sararmıştı yüzü. Bir yerleri kopacak, yırtılacak gibi acı duyuyordu. Bereket sancılar birazcık ara verdi. Ama terlemişti iyice. Bembeyaz çarşaflı, uzunca bir masaya yatırdılar. Kulaklıklarını takmış tombulca bir bayan: «Açın şunun karnını, bir bakalım önce!..» dedi. Tombulca bayanın doktor olduğunu anlayınca sevincinden uçtu.

On yedi yaşında gelmişti Almanya'ya. Kara Cemal'le Almanya'da evlenmişti. Şimdi 24 yaşındaydı. Vede az çok yeni düşünüşlüydü. Doktora «namahrem» olmadığını biliyordu. Ama bilincinde, bilinçaltında yılların ters öğretimleri o kadar birikmişti ki, duyguları aklını dinlemiyordu. Gavur mavur, doğumunu Bayan Doktor yaptıracak diye uçtu: «Hiç eğri büğrü laf yok, kaymak gibi şansım varmış! Bin bin maşallah!..» dedi, bıraktı kendini.

Hemşireler karnını açtılar. Bayan Doktor önce elleriyle yoklayarak, sonra kulaklarıyla dinleyerek bir muayene etti. Arada birtakım araçlar da kullanıyordu. Hüsniye ne olduklarını bilmiyordu. Kadın olduğu halde doktor biliyordu. Tuhaf değil mi, erkeklerin saçları gibi dökülüp gidiyordu kadın doktorların da saçları. Kimbilir kaç yıl okuyorlardı? Kimbilir ne zor sınavlardan geçiyorlardı?

Gerçekte göğsü acıma dolu bir insandı Hüsniye. Kocası Kara Cemal'e de acıyordu şimdi. Anacığı Kara Zehra öldüyse, üzgün bozgun dönüp gelecek onca yolu! Aah, doğum üstü olmasaydı, bu hallerde olmasaydı, sever okşar, alırdı acılarını. «Doğuracak zamanı çok iyi seçtin kancık!..» dedi kendi kendine. Acının, sancının içinde gülümsemeye çalıştı.

Bayan Doktor sordu:

«Türksün değil mi? Niçin hep böyle geç kalırsınız? Türkler çok yavaş! Vaktinde gelsen her hazırlığın yapılırdı! Hem de kendi doktorun yapardı doğumunu! Analık Karneni getirdin mi bari?» Gözlerini öne arkaya devirerek getirmediğini anlattı: «Çok iyiler, hoşlar! Ama her işte bizi ille suçlu çıkaracaklar! Ha ne olur karne gelmese? Birkaç gün sonra gelse? Bir doğum oluyor, candan can kopuyor! Bir kadın yaşamında ilk kez anne oluyor! Önündeki işe baksana sen!..» O da Kara Cemal gibi kara kaş kara gözdü. Hem de Sarımbey elması gibi iri iriydi gözleri.

«Analık karnemi alayım diyordum, unuttum! Bir iki de bez ayırmıştım. Bir de roman... Acılardan aklım başımda mı kaldı? Bir yandan da Cemal'in meraklar! Sokakta adam vuruyorlar şimdi! Bilirler mi onun anasının hastalığına gittiğini? Vede karısının şu anda Almanya'da doğum yaptığını? Hem de kazalar, belalar uçaklarda! Bir haftadır Köln Radyosu söyleyip duruyordu: «DC-10'ların yapımında 'çelik yorgunluğu' diye bir bozukluk olduğunu, yorgun çeliğin havada hiçbir neden yokken ansızın koptuğunu, 350-400 insanın ta 9000 metrelerden lapır lapır döküldüğünü... yah!»

Bayan Doktor, eliyle tıp tıp tıp vurdu Hüsniye'nin karnına. «Çıkarın üstünde ne varsa!» dedi ivediyle. «Ameliyat Odası'na alın! Narkoz verin!..» Hüsniye'nin hiç anlamadığı değişik bir Almanca'yla, Tıp Almancası'yla söyledi bunları. Sonra da burun kıvırdı belli belirsiz: «Bir zamanlar çok hızlıydınız! Ok gibi ta Viyana'lara kadar gelmiştiniz! Ama şimdi akünüz bitmiş, yürümeğe korkuyorsunuz! Bebek ters geliyor! Ayaklardan! Ne olurdu bir hafta önce gelseydin? Faslılar bir, siz iki! Tıpsal öğütleri dinlemiyorsunuz! Tam bıçaklık olunca geliyorsunuz! Yada kendi kendinize doğurmağa kalkıp bebeği de, kendinizi de sakatlıyorsunuz! Ölüyorsunuz hatta! Tanrı sizi akıllandırsın! Vede uyarsın biraz! Hiç şu zamanda doğumdan insan ölür mü? Doğum kadınlığın en doğal olayı!..» Kendisi bir tanecik doğurmuştu, biliyordu. Dipli, derin, bütün tatlardan apayrı bir tat duyuyordu insan! Zor olanı, acı vereni işte buydu:

«Sezaryen!..»   51

Bayan Doktor elini çabuk tuttu. Yürüdü Ameliyat Odası'nın kapısına. Hastanenin şefi, erkek arkadaşlardan Fritz Neumann'ı görevlendirmişti. Eldivenli, takkeli, çıkıp geldi o da. Konuştular. «Daha iyi be!..» diye güldü Doktor Neumann. «Doğum ameliyatlarından kolay ne var!» Yardımcıları, Hüsniye'nin narkozunu vermeğe başladılar.

«Hiçbir testi, analizi yok elimizde! Ama bunlar bin canlı. Vede çok iyi olur bıçakla doğanlar! Yetkim olsa hepsini böyle doğururum! Baş, sıkıntı tunelinden geçmiyor. Bilinçaltına hiçbir kompleks itilmiyor. Ruhsal sistemde dengesizlik, bozukluk olmuyor. Belki bir gün tüm buna gelecek insanlık...»

Doktor Neumann kendi kendine konuşmayı bırakıp işe başladı. Çoktan geçip gitmişti Hüsniye Cantürk. Yatıyordu ameliyat masasında. Üstüne yeşil bir çarşaf örtmüşlerdi. Çıkardıklarını da keseye tıkmışlar, bir plastere adını yazıp yapıştırmışlardı. Geçip gitmişti çoktan...

Şu anda Çorum'un Harhar köyünde mi, yoksa Almanya treninde mi olduğunu bilemiyordu. Değişik, acayip bir serüvenin içindeydi. İş bulma işlemlerini yaptırmadan önceydi galiba. Güya «gezgin» gelmişti. Oradan oraya giderek, sinerek, saklanarak, Alacalı Kara Cemal'i bulmuştu. Şimdi Cemal'e sorarsan, «Ben seni buldum!» der o. Dünyanın çilesini çekerek ermişti bu mutluluğa. Olympia Yazı Makineleri Fabrikası'ndaki işi de ölüp ölüp dirilerek bulabilmişti. Şimdiye top top perçemli, sırma saçlı bir dizi çocuğu olurdu. Ama Kara Cemal, «Bak! Benim ilerici bir kafa yapım var, hemen çocuk istemiyorum! Hap kullan Hüsniye! Ve bak, fazla çocuk ayakbağıdır bize!..» diye tutturmuştu. Körolmayasının huyları acayipti. Civata fabrikasındaki işi de zordu onun. Ama ne kadar zor olsa, Türkiye'deki gibi on altı saat çalışmak yoktu ki Almanya'da!..»

İyice dalıp gitmişti. Nerede olduğunu, ne yaptığını hiç bilmiyordu. «Anam, asıl benim işim zor! Bandın başında vırt zırt gelip duran yazı makinelerine durma yapıştır, sorma yapıştır marka etiketlerini metal tutkalla, kalla, kal...»

Yazı makineleri, suları yeşil yeşil akan bir ırmaktan çıkıyordu sanki. İpince bir ırmaktı. İki yanında nergisler, su naneleri ve ince çayırlar bitmişti. Dibinde çakıllar görünüyordu. İçinde balıklar oynuyordu. Hoş bir görünüşü vardı ırmağın. Irmak, yeryüzünde böyle arı, duru kalabilmiş son bir mutluluk suyu gibi yeşil yeşil akıyordu. Ama onun da üstüne yazı makinelerini yüklemişlerdi. Yükü ağırdı, yükü ağırdı ırmağın, ırmağın, ırrr...

Bir süre sonra Doktor Neumann, bebeği çekip aldı, kaldırdı havaya: «*Gut! Sehr gut!*» diye bağırdı. «Hoşgeldin Sayın *Fräulein*! Yıllardır yolunu gözlüyorduk! İyi ki doğdun! Dünyamıza hoşgeldin!..»

Doktorun yardımcıları yeni doğanı alıp götürdüler hemen.

Bir adlığa «Cantürk» yazıp geçirdiler bileğine. «Madem babası burda değilmiş, adını da anası ayılınca yazarız, herhalde düşünmüşlerdir bir şey!..» dediler.

Bebeği koydular cam bölmede yeni doğanlar sürüsünün içine. Hemşireler sevip okşayıp burunlarını sıkıyorlardı: «Fare yüzlü yüzlü! Şunlara bakın kaç tane! Günde kaç tane! İlkin böyle biraz sevimsiz oluyorlar da, sonra kaşık kaşık ballaşıyorlar!..»

Bir uçtan da ilk işlemlerini yaptılar. Bezlerini pamuklarını sardılar. Müziksiz, notasız ağlamaları çoktan başlamıştı.

Olympia Yazı Makineleri Fabrikası'ndaki bandın başında yarım saatcik *Pause* yok. *Meister* hayvanın teki! Odasına çıplak kız resimlerini asmış asmış! Gelir sulanır, gider sulanır. Her kuşun eti yenir sanıyor serseri. Bereket Selanikli Tina birazcık Türkçe biliyor. Hem de sarı bir suna. İncecik dudaklı, yeşilce gözlü. Çok güzel bir kız. Neyse ki Cemal'in tipi değil. Türk asıllı Yugoslav Saliha da var. Çantasından doksan feniklik çikolatalardan bir tane çıkarıp, yarısını bölüyor, Tina'nın, Hüsniye'nin ağızlarına birer parça tutuyor. Kalanını kendi yiyor. Saliha dalga da geçse *Meister* hoşgörüyor. Doğrusu hoş da bir kız. Böyle balık etli, bakır tenli, sırım, sırma bir kızı kim hoşgörmez? Ben biraz karaya çalarım. «Karanın tadı başka!» der Cemal. Aah Kara Cemal!.. Anam, bu *Meister* olacak da sık sık benim başımda bitiyor! Daha o altıda bir çikolata parçasını yutmadan kinli kinli bağırmaya başlıyor:

«Bak Frau Santürk! Band tıkanma yapacak! Bak, metal tutkalı az sürüyorsun! Bak, çok sürüp taşırıyorsun! Bak, Frau Santürk!..»

«Hay dilini eşekarısı soksun, Hans mısın, Heinz mısın! Yıllar oldu, bir adımı doğru düzgün söyleyemiyorsun! Bak güzel güzel sürüyorum! Bak, her gelene yapıştırıyorum *schnell schnell*: Monica... Monica... Monica... Monica... Monica... Olimpia Fabrikası'nın Monica yazı makineleri, bitip tükenecek gibi mi? Kara band oluk gibi! Oluktan gibi! Alman'ın karı oluktan gibi! Tina sarı bir suna, Saliha kırmızı üzüm gibi!..»

Hüsniye Cantürk daha da terliyordu. Başucundaki hemşire siliyordu ıslak bezle. Sosyal görevli bayan da gelip gidip soruyordu: «Hay Tanrım! Ayılmadı mı daha şu? Ayılsa da bebeğin adını öğrensek! Nöbetim bitiyor! Listeyi kapatıp versem!..»

Her hastanede böyle bir iki vardı. Boş gezenlerin boş kalfaları! Hastalarla, daha çok da dil ağız bilmez yabancı hastalarla ilgilenecekleri yerde, kendi kendileriyle ilgileniyorlardı. Şef, yeni doğanların adlarını sorup yazma görevini ona yüklemişti, angarya diye kızıyordu. Hüsniye'nin başucunda beklerken, ara sıra elindeki yazı altlığını sallayıp serinlik yapıyordu. Serinlik yaparsa çabuk ayılacağını sanıyordu. Genellikle sarışın Alman kızlarının aksine martı gibi karaçıldı. Paydostan sonra bir grup arkadaşıyla Pazar Caddesi'ne bira içmeğe gideceklerdi. Onun için evip söylenip duruyordu sosyal görevli Anita:

«Hay Tanrım! Ayılmadı şu! Hay Tanrım!..» Bağırıyordu: «Frau Cantürk, bebeğin adını söyleyiniz *bitte*!..»

Hüsniye Cantürk sayıklıyordu:

«Mo ni ca... Mo ni ca... Moo nii caa...»

Anita, Hüsniye'nin ağzından çıkan «Monica»lardan birini kaptığı gibi fırladı. III-16.00.4278-24'ün adını da «Monica» diye yazıp listesini kapattı.

Ertesi gün Monica Cantürk'ün doğumu, bilgisayarla belki bin yere işlendi Almanya'da. Doğduğu gün, saat, yıl, ay, uzunluğu, ağırlığı, ana adı, baba adı her yere yazıldı. Bileğine de daha o gün bandlandı soyadı, adı. Şimdi uyuyor, arada bir uyanıp «Ingaa! Ingaa!» diye ağlıyordu.

Kara Cemal üç gün sonra dönüp geldi. Ana acısı koca bedenini silindir gibi ezip geçmişti. Kolu kanadı kırıktı. Neyse ki son kez görmüş, görüşmüş, ellerini uzun uzun öpmüş, helallaşmıştı. Onun ilerici kafa yapısına göre, dinsel törenlerin bir yararı, gereği yoktu. Ama anasına öyle bağlı, öyle düşkündü ki, hepsini yaptı, yaptırdı. Kardeşlerine de bir gider düşürmedi.

On yılı doldurmuştu Almanya'da. Tam on mark verdi, pembeli beyazlı güllerden aldı. Yürüdü Elisabeth Hastanesi'ne. Alnından öptü karısını. Gülleri kucağına koydu. Sonra gitti, «Cantürk Cantürk!..» dedi ivedi ivedi. Hemşireler kızını camdan gösterdiler. «Kız olduğu iyi! Anamın adını veririz...» diye düşündü orada.

Aylar önce, karı koca konuşup anlaşmışlardı: Çocuk eğer oğlan olursa adını Hüsniye koyacaktı. Kız olursa Cemal kendi... Şanslı bir baba olduğunu düşünüp mutlandı. Dönüp geldi usulca: «Anacığım sana ömürler oldu Hüsniye...» dedi sesi titreyerek. Elini karısının saçlarında gezdirdi. Hüsniye kocasının parmaklarını tuttu: «Nur içinde yatsın kaynanam! Görmek kısmet olmadı yüzünü...» dedi.

«Kavlimizi unutup kıza kendin ad koymadın değil mi?»

«Deli! Kor muyum? Sen koyacaksın! Ama bak, ben de kabul edeceğim! Şöyle güzel, uygun bir ad olsun...»

«Deli kendinsin, kafamı bozma! Nasıl anlaşmıştık? Bebek kız oldu, ben koyacağım!..» Eğildi, yeniden öptü karısının alnını.

Hüsniye, «İstersen ananın adını veririz! Zehra Cantürk olur kızımız...» dedi.

Kara Cemal doldu kabardı. Neredeyse ağlayacaktı: «Ulan, sana diyorum da inanmıyorsun, bitiyorum sana! Senin insanlığına, sıcaklığına...»

Oda hemşiresi gülleri vazoya koymuş, getirdi.

Kara Cemal, uzattı sağ kolunu ileri:

«Meine Tochters name ist Zehra olacak!»

Oda hemşiresi, şaşırmış şaşırmış baktı karı kocanın yüzlerine.

Sordu: «Konmadı mı bebeğin adı?»

Kara Cemal, Harhar köyünde oluşmuş kırsal bir Türkçe'yle, keyifli keyifli, «Gonmadı gonmadı!» dedi, bıyıklarını burdu hafiften. Sonra oda hemşiresiyle birlikte çıkıp gittiler. Baktılar, bebeğin bileğinde «Monica», soyadı da «Cantürk», ivedi ivedi dönüp geldiler.

Kara Cemal sordu:

«Ulan Hüsniye! Monika takmışlar bizim sıpanın bileğine! Bu ad nereden çıktı? Yoksa karıştırdılar mı ötekilerle? Soyadına bakarsan doğru. Yüzü de seni beni andırıyor, dosdoğru! Ama adı Alman kancıklarının adından! Bu nasıl iş?..»

Hüsniye'nin, bantda ırmaktan akar gibi durmadan dinlenmeden gelen, akıp çıkıp gelen yazı makinelerine, beş yıldır ve günde sekizer saat, durmadan, durmadan yapıştırdığı «Monica» yazı makinelerini sayıklamasından bu işin böyle olduğu, uzun zaman anlaşılamadı. Sonra o günkü sosyal görevliyi buldular. Anita, son derece soğukkanlı, «Annesine sordum öyle söyledi, ben de öyle yazdım!» dedi, her zamanki martı ciddiliğiyle sustu.

Kara Cemal bağırdı:

«Silin çabuk! Zehra koyun! Anamın adı Zehra'dır!..»

«Olanaksız!..» dedi sosyal görevli Anita. «Olanaklı ama çok zor! Bilgisayarlarla bin yere işlenmiş Monica'yı silip Zehra yazmak zor, hatta olanaksız! Ad değişimi mahkemeyle olur Almanya'da. Geçerli bir neden bulacaksınız. Tanıklar bulacaksınız. Bir sürü harç ve gider yatıracaksınız. Biz her yere bildirdik. Doğum protokolü Türkiye Başkonsolosluğu'na da gitti. Uluslararası sözleşmelere göre bunu hemen yapmamız gerekiyordu...»

Kara Cemal tıpkı Almanlar gibi, *«Ach so!..»* dedi. *«Ach so!* Hemen yarın açıyorum davayı! Asla bırakamam bu adı kızımın üstünde!..» Dediği gibi ertesi gün davayı... açamadı! «Yarın açıyorum... Bugün kaldı, yarın kesin olarak açıyorum...» deyip duruyordu. Sekiz gün sonra Elisabeth Hastanesinden çıkıp anasıyla birlikte eve gelen kızını, «Monikam!.. Monikamız!..» diye sevmeye başladı.

Karısına da sık sık, «Eee Monika'nın güzel anası! Nasılsın bakalım? İyi misin? Sana bir çay yapayım mı güzel Monika'nın anası?..» diye takıldı.

İster inanın, ister inanmayın, araya başka işler, üşengeçlikler girdi, «yeni dünya»nın adı «Monika» kaldı.

Kara Cemal, «Monika Cantürk bize Almanya'nın bir anmalığıdır!» diyordu. Ne var, mis gibi bir ad hem de!..

Eğer kısmet olur da yurda dönersek, Çorum'da, Harhar köyünde akrabalar, komşular, 'Gıı Monika!.. Aaa Monika!..' diye çağırırlar, severler...» deyip boşverdi mahkemeye başvurmaya.

MONICA

Hüsniye Cantürk aus Corum, Arbeiterin in der Olympia-
Schreibmaschinenfabrik, machte sich auf den Weg in das Elisa-
beth-Krankenhaus, als ihre Wehen in immer kürzeren Abständen
kamen. Die Entbindung sollte nur der Arzt vornehmen, zu dem sie
seit dem ersten Tag ihrer Schwangerschaft gegangen war. Andere
Ärzte wollte sie nicht an ihren Bauch heranlassen. Schon gar nicht
bei der Entbindung, um Gottes willen, das wäre ja die größte
Schande. Hätte sie noch so gedacht wie damals, als sie herkam,
hätte sie diesen gottlosen Ärzten nicht einmal erlaubt, ihren Bauch
zu untersuchen. Sie ging ja auch sonst nicht gleich zum Arzt, wenn
ihr mal etwas fehlte. Aber eine Entbindung war schließlich etwas
anderes. Noch dazu war es ihre erste, und sie hatte große Angst.
Am Eingang des Krankenhauses erklärte man ihr kurz, daß man
Hochschwangere von den üblichen Aufnahmeformalitäten ver-
schonen würde. Deshalb brachte man sie sofort zur Notaufnahme.
Auf dem Weg dorthin bekam sie keinen Ton mehr heraus. Denn 57
schon vor der Tür setzten die Wehen von neuem ein. Sie machten
ihr ganz schön zu schaffen. Aber sie biß die Zähne zusammen.
Eigentlich hatte sie sich vorgenommen, der Aufnahmeschwester
zu sagen, daß sie nur zu ihrem Arzt wolle, doch da setzten die
Wehen wieder ein, und zwar mit solcher Wucht, daß sie es sein
ließ.
„Aah..", stöhnte sie und sackte zusammen; wimmernd stieß sie in
gebrochenem Deutsch hervor, daß es gleich soweit sei.
Im Krankenhaus lief alles wie am Schnürchen. Sofort eilten zwei
Krankenpfleger mit einer Trage herbei. Sie legten Hüsniye darauf
und fuhren sie mit dem Aufzug zur Entbindungsstation im dritten
Stock.
Ach, wäre doch Cemal der Schwarze, ihr Mann, bei ihr! Aus
Alaca war ein Telegramm gekommen mit der traurigen Nachricht,
der Zustand seiner Mutter habe sich verschlechtert; er hatte vor
fünf Tagen noch eine Flugkarte bekommen und war plötzlich
abgereist. Die arme Mutter lag wohl im Sterben oder war schon
tot, weil er immer noch nicht zurück war. Gott sei Dank hatte
İbrahim Turaç aus Hamzalı Nachtschicht. Durch eines der Kinder

draußen auf der Straße benachrichtigte sie seine Frau Sultan. Er war wirklich ein anständiger Mensch, herzensgut, ohne jeden Hintergedanken. Sofort kam er angerannt, kümmerte sich um das Taxi und alles übrige. Hoffentlich kam Cemal der Schwarze bald wieder, dann würde sie ihm alles haarklein erzählen. „Mein erstes Kind habe ich ganz allein, ohne dich, bekommen. Na ja, Mann, das ist nun mal mein Schicksal", würde sie zu ihm sagen.

Ihr Gesicht war ganz blaß geworden. Sie hatte jetzt solche Schmerzen, als würde etwas aus ihr herausdrängen und sie zerreißen. Dann ließen die Wehen zum Glück etwas nach. Aber sie war klitschnaß vor Schweiß. Man legte sie auf einen langen, mit einem schneeweißen Laken bedeckten Tisch.

Eine stämmige Frau mit einem Stethoskop um den Hals sagte: „Macht mal ihren Bauch frei, ich will sie mir mal ansehen!" Sie fühlte sich unendlich erleichtert, daß die rundliche Frau die Ärztin war. Mit siebzehn war sie nach Deutschland gekommen, hatte Cemal hier geheiratet, und jetzt, mit vierundzwanzig, war sie mehr oder weniger aufgeklärt und wußte, daß sie für einen Arzt kein 'wildfremdes' Wesen war. Dennoch hatten sich in ihrem Bewußtsein, mehr noch in ihrem Unterbewußtsein, im Lauf der Jahre so viele falsche Überzeugungen angehäuft, daß ihr Verstand gegen ihre Gefühle nicht aufkam. Gottloser hin, Gottloser her, sie war froh, daß eine Ärztin die Entbindung durchführte. 'Ich habe keinen Grund zur Klage. Ich bin ein Glücksvogel', dachte sie beruhigt.

Die Schwestern deckten ihren Bauch auf. Die Ärztin tastete sie zunächst mit der Hand ab und untersuchte sie dann mit dem Stethoskop. Komisch, den Ärztinnen fielen die Haare genauso aus wie ihren männlichen Kollegen. Wer weiß, wieviele Jahre sie studiert hatten? Hüsniye hatte viel Mitgefühl mit den anderen. Auch ihr Mann Cemal tat ihr leid. Wenn sein Mütterchen Zehra wirklich gestorben war, würde er auf der ganzen weiten Reise traurig und niedergeschlagen sein. Ach, wenn doch das Kind nicht jetzt käme, wenn sie doch nicht in diesem Zustand wäre, sie würde ihn streicheln und trösten, all seine Sorgen verjagen. „Na ja, das ist ja deine eigene Schuld, hast dir ja die beste Zeit für die Geburt ausgesucht, du Weibsstück, du!" Trotz der Wehen und Schmerzen versuchte sie zu lächeln. Die Ärztin fragte: „Du bist Türkin, nicht wahr? Warum müßt ihr immer so spät kommen? Die Türken kommen immer zu spät! Wärst du rechtzeitig gekommen, hätten wir alles Nötige vorbereiten können. Und dann hätte dich sogar dein eigener Arzt entbunden. Hast du wenigstens deinen Mutterschaftspaß dabei?"

Sie rollte mit den Augen, was „Nein" bedeuten sollte. 'Sie sind zwar nett und freundlich, aber irgendwie bekommen immer wir die Schuld! Was macht es schon, wenn der Paß nicht da ist?'

Sie hatte ebenso schwarze Augenbrauen und Augen wie Cemal, aber ihre waren so groß wie die Äpfel von Sarımbey.

Die Ärztin klopfte Hüsniyes Bauch ab. Sie drängte: „Zieht sie aus! Bringt sie in den OP! Bereitet die Narkose vor! Kaiserschnitt!" Das alles sagte sie in einem für Hüsniye unverständlichen Medizinerdeutsch. „Das Kind liegt falsch. Mit den Füßen voran." Die Ärztin eilte in den OP. Der Arzt kam schon mit Handschuhen und Haube. „Wir haben noch nicht einmal einen Laborbefund von ihr!"

Hüsniye Cantürk war schon längst bewußtlos. Sie lag auf dem Operationstisch, zugedeckt mit einem grünen Tuch. Man hatte ihre Habseligkeiten in einen Beutel gesteckt und ein Plastikschildchen mit ihrem Namen daraufgeklebt. Sie war bereits weit weg.

War sie in ihrem Dorf Harhar in der Provinz Çorum oder schon im Zug nach Deutschland? Ein fremdes, aufregendes Abenteuer... Die Zeit, bevor sie ihre Arbeitserlaubnis erhalten hatte... Als 'Touristin' war sie eingereist. Sie war hierhin und dorthin gerannt, hatte sich verkriechen und verstecken müssen, bis ihr endlich Cemal der Schwarze aus Alaca über den Weg lief. Alles Elend dieser Welt hatte sie ertragen müssen, bis sie am Ende ihr Glück fand. Und mit äußerster Mühe erhielt sie schließlich eine Arbeit in der Olympia-Schreibmaschinenfabrik. Sie hätte schon eine Schar von Kindern mit dichten, seidig glänzenden Löckchen haben können, aber Cemal der Schwarze bestand darauf...

„Ich denke fortschrittlich, Hüsniye, ich will nicht gleich Kinder! Nimm die Pille! Schau, mit Kindern müßten wir uns zu sehr einschränken." Eigenartige Ansichten hatte der gute Mann. Seine Arbeit in der Schraubenfabrik war nicht gerade leicht. Aber so schwer sie auch war, einen Sechzehn-Stunden-Tag wie in der Türkei, das gab es in Deutschland nicht... Meine Arbeit ist ja auch schwer. Steh' mal am Band und klebe pausenlos mit Metalleim Etiketten auf die zack, zack anrollenden Maschinen, immer mehr, immer neue, keine Ahnung, wieviel... Schreibmaschinen tauchten aus grün schimmerndem Flußwasser auf. Ein Flüßchen. An seinen

Ufern Wasserminze, Narzissen, zartes Gras. Auf dem Grund glänzten Kieselsteine, Tische tummelten sich... Das Wasser floß so zauberhaft grün, klar und rein... Aber eine ungeheure Anzahl Schreibmaschinen schwamm auf ihm, die Last war so schwer, schwer wie Blei...

Der Arzt zog das Baby heraus: „Gut! Herzlich willkommen, gnädiges Fräulein!"

Sofort nahmen die Krankenschwestern das Neugeborene und brachten es weg. Auf ein Schildchen schrieben sie den Nachnamen 'Cantürk' und banden es ihm um das Handgelenk. „Da sein Vater nun mal nicht da ist, schreiben wir den Vornamen erst dazu, wenn seine Mutter wieder zu sich gekommen ist; sie werden sich schon etwas überlegt haben..." Dann legten sie es zu den anderen in das Säuglingszimmer. Sie wickelten es in Watte und weiche Tücher. Es weinte bereits nach seiner eigenen Melodie...

Am Band gab es nicht einmal ein halbes Stündchen Pause. Der Meister war ein Schwein. In seinem Zimmer hingen Bilder mit nackten Mädchen, dauernd strich er lüstern herum. Er wollte sie alle vernaschen, dieser Lüstling. Gott sei Dank sprach Tina aus Saloniki etwas Türkisch. Wirklich ein hübsches Mädchen, blond mit schmalen Lippen und grünen Augen... Und Saliha, die Jugoslawin türkischer Abstammung; sie holte immer eine Tafel Schokolade für neunzig Pfennig aus der Tasche, brach sie mitten entzwei, reichte Tina und Hüsniye ein Stück und aß den Rest allein. Wenn Saliha trödelte, sah der Meister darüber hinweg. Sie war ja auch ein nettes Ding. Mit so zarter Haut und kupfernem Teint, schlank, aber kräftig, mit goldblonden Haaren, wer hätte ihr da nicht verzeihen können? Mein Teint geht mehr ins Schwarze... Ach, Cemal! Dieser verdammte Meister...

He, Frau Santürk! Das Band stockt! He, du schmierst zu wenig Metalleim darauf! He, du schmierst zu viel darauf, es läuft über! He, Frau Santürk...

Mögen dir deine Worte im Hals steckenbleiben, Heinz oder Hans, oder wie du heißt. Ich bin schon seit Jahren hier, und noch immer kannst du meinen Namen nicht richtig aussprechen! Sieh her, schmier' ich schön genug?! An jede vorbeilaufende Maschine klebe ich schnell, schnell: Monica... Monica... Monica... Monica... Endlos. Das schwarze Band rauscht wie ein Strom... Es strömt und strömt... Tina, goldblond wie Weizen... Saliha, rot wie Kupfer... Hüsniye Cantürk schwitzte.

Die Schwester wischte sie mit einem feuchten Tuch ab.

Die Fürsorgerin kam immer wieder und sagte: „Mein Gott! Ist die immer noch nicht aufgewacht? Hoffentlich kommt sie bald zu sich. Ich will doch den Namen des Babys wissen. Mein Dienst geht bald zu Ende, ich will die Liste abgeben!"

Sie saß am Kopfende von Hüsniyes Bett und fächelte ab und zu mit ihrer Schreibunterlage. Vielleicht würde Hüsniye durch die frische Luft schneller zu sich kommen. Nach Feierabend wollte sie mit Freunden ein Bier trinken gehen.

„Meine Güte, die ist immer noch nicht wach! Frau Cantürk, sagen Sie den Namen des Kindes, bitte!"

Hüsniye Cantürk murmelte im Traum: „Monica... Monica... Moo-nii-caa..."

Die Fürsorgerin sprang auf. Sie schrieb den Namen 'Monica' unter die Rubrik III-16.00-4278-24 und klappte die Liste zu.

Schon am nächsten Tag waren Monica Cantürks Personalien, ihr Name, Geburtstag, Geburtsjahr, der Name ihrer Eltern in vielleicht tausend Computern in Deutschland eingespeichert. Sie selbst wurde noch am Tage der Geburt mit Vor- und Nachnamen am Handgelenk etikettiert.

Drei Tage später kehrte Cemal zurück. Die Trauer um seine Mutter hatte seinen kräftigen Körper ins Mark getroffen. Wenigstens hatte er sie noch einmal gesehen, ihr lange die Hände geküßt, von ihr Abschied genommen. Obwohl er fortschrittlich war und keinen Sinn in religiösen Feierlichkeiten sah, hatte er alles Nötige veranlaßt, denn er hatte an ihr gehangen und war ihr sehr verbunden gewesen. Er hatte für seinen Bruder alle Kosten übernommen.

Er war jetzt zehn Jahre in Deutschland. Und für genau zehn Mark kaufte er rosa und weiße Rosen und eilte ins Elisabeth-Krankenhaus. Er küßte seine Frau auf die Stirn und legte ihr die Rosen auf den Schoß. Dann rannte er aus dem Zimmer und rief ungeduldig: „Cantürk, Cantürk..."

Die Schwestern zeigten ihm seine Tochter durch die Glasscheibe.

'Schön, daß es ein Mädchen geworden ist', dachte er. 'Wir werden ihr den Namen meiner Mutter geben...'

Vor Monaten schon waren sie übereingekommen: Bei einem Jungen würde Hüsniye den Namen aussuchen, bei einem Mädchen er... Er freute sich bei dem Gedanken, glücklich Vater geworden zu sein und ging langsam zurück.

„Meine Mutter ist gestorben, Hüsniye...", sagte er mit zitternder Stimme. Er strich ihr über das Haar.

Hüsniye hielt seine Finger in ihrer Hand und sagte: „Möge deine Mutter in Frieden ruhen, leider war es mir nicht vergönnt, sie noch einmal zu sehen..."

„Ich hoffe, du hast dich an unsere Abmachung gehalten und unserer Tochter noch keinen Namen gegeben!"

„Bist du verrückt!"   antwortete sie. „Wie käme ich dazu! Du solltest ihn ihr doch geben, Aber er muß auch mir gefallen. Es soll ein schöner, passender Name sein..."

Hüsniye meinte: „Am besten wir geben ihr den Namen deiner Mutter, unsere Tochter soll Zehra Cantürk heißen...", und sie küßte ihrem Mann die Hand.

Cemal war zutiefst gerührt, es fehlte nicht viel und er hätte geweint: „Ach, du willst es mir ja nicht glauben, aber ich würde alles für dich tun! Ich mag dich doch so, bin so gern in deiner Nähe!"

Die Zimmerschwester hatte die Blumen in eine Vase gestellt und brachte sie herein.

Cemal streckte ihr den Arm entgegen und sagte: „Meiner Tochters Name ist Zehra."

Die Schwester sah das Ehepaar ganz entgeistert an: „Ja, hat denn das Kind nicht schon einen Namen?"

„Nee, nee, noch nich!" antwortete Cemal vergnügt und zwirbelte seinen Bart. Dann verließ er mit der Schwester das Zimmer. Sie schauten nach und entdeckten auf dem Handgelenk des Babys den Vornamen 'Monica' und den Nachnamen 'Cantürk'; sie eilten wieder zurück.

Cemal fragte: „Mensch, Hüsniye. Auf dem Handgelenk unserer Tochter steht ja Monica! Wie ist denn das passiert? Ob sie sie verwechselt haben? Der Nachname stimmt schon. Sie sieht auch aus wie wir, das ist ganz in Ordnung. Nur hat sie einen deutschen Mädchennamen! Wie kommt denn das?" Daß es daher kam, daß Hüsniye von den Schreibmaschinen phantasiert hatte, die auf dem Fließband unaufhörlich vorbeiglitten und auf die sie ständig, über fünf Jahre hinweg, 'Monica' geklebt hatte, täglich acht Stunden lang, das fand man nicht heraus. Schließlich befragte man die Fürsorgerin, die damals Dienst gehabt hatte. Sie sagte: „Ich habe die Mutter gefragt und habe das aufgeschrieben, was sie mir gesagt hat!"

Cemal schrie: „Ausradieren! Sofort ausradieren! Schreib' 'Zehra' hin, meine Mutter hieß doch Zehra!"

„Unmöglich!" sagte die Fürsorgerin. „Das heißt, es ist schon möglich, aber mit großen Schwierigkeiten verbunden. In Deutschland geht eine Namensänderung nur über das Gericht. Sie müssen schon einen triftigen Grund angeben. Müssen Zeugen nennen. Es würde Sie eine Stange Geld kosten. Sie ist bereits überall registriert. Die Geburtsurkunde ist bereits an das Türkische Generalkonsulat geschickt worden. Nach den internationalen Bestimmungen sind wir verpflichtet, dies sofort zu tun."

„Ich gehe gleich morgen auf's Gericht! Diesen Namen darf meine Tochter auf keinen Fall behalten!"

Doch Cemal ging nicht, wie er verkündet hatte, gleich am nächsten Tag aufs Gericht. „Morgen, wenn nicht heute, so eben morgen, ganz bestimmt...", nahm er sich immer wieder vor. Acht Tage später, als seine Tochter mit der Mutter nach Hause kam, strahlte er: „Meine Monica! Unsere Monica!" Auch zu seiner Frau sagte er immer wieder: „Na, Mutter von Monica, wie geht es dir? Geht's dir gut? Soll ich dir einen Tee kochen, Monicas Mutter?"

Ob man es glaubt oder nicht, immer wieder kam etwas dazwischen, und die Gewohnheit besorgte auch das ihre, so daß der Name ihrer 'Neuen Welt', Monica, blieb.

63

Cemal sagte schließlich: „Monica Cantürk wird uns immer an Deutschland erinnern. Was soll's, es ist sogar ein wunderbarer Name! Falls wir eines Tages in unsere Heimat zurückkehren, werden die Verwandten und Nachbarn in Harhar in der Provinz Corum rufen: 'Ach, Monica! Ohh, Monica'. Und alle werden sie liebhaben."

So sprach er und ließ das Gericht Gericht sein.

CAMİYE GİDENİN SORULARI

On iki ayın her günü, beş vakit
Beni camiye çağırıyorsun Hocam
Diyorsun bu ses Tanrının sesi
Beş vaktin en az üçünde koşuyorum
Duruyorum ardına, namaz kılıyorum
Bir gün değil, beş gün değil
Dün yurttayken çiftçi olarak
Bugün Duisburg'da göçmen işçi
Her zaman ardında duadayım

Cumaları hutbeye çıkıyorsun Hocam
Dinden doğruluktan söz etmek için
Uzun uzun cenneti cehennemi anlatıyorsun
Kızları nasıl eğiteceğiz
Kadınları nasıl örteceğiz
Cenneti anlatırken bile öfkeli sesin
Kadınlar üstüne konuşurken bağışlamasız
Kızmak istiyorum sana
Ama diyorum içimden bu adam Tanrının adamı
Susuyorum

Baharda burada yürüyüş vardı Hocam
Barış isteyenler yollara döküldü
Herkes görüyor savaş hazırlıkları hızlandı
Çok silah yaptılar ödediğimiz vergilerden
Geçmişte çekilen acılar da çoktu
Ama şimdikinin yanında sıfır kalacak
Paldır küldür gidecek insanlık
Din, dil, renk, meslek ayrımı düşünmedi kimse
Yürüdü Hıristiyanı, Yahudisi, Hindusu
Hepsinin öncüsü önündeydi durup baktım
Sen yoktun yürüyen Müslümanların önünde
Geçen binlere, on binlere teker teker
Uzun uzun baktım sabırla, çok aradı gözlerim seni
Yoktun

Yıllar yılı bana iyilik dedin, doğruluk dedin
Çok güzel anlattın cenneti cehennemi
Hepsini sana anlatabilirim unutmadım
Şaşıyorum niçin yoktun?
Soruyorum içimden, İslamlık savaş dini mi?
Böyle olmadığını bana sen öğrettin
Öyleyse niçin yoktun?

Hoşgör beni Hocam
Bin bir öğüdüne karşılık soruyorum
Ne yandasın belli et, yerin nere, yönün ne?
Barış isteyenlerden yana mısın
Savaş isteyenlerden yana mı?
Yerini seç fazla vakit geçmeden
Yansızlık yok bu konuda
Hoşgör beni, sana akıl veriyorum
Ama eğer barış isteyenlerden yana olamıyorsan
Savaş isteyenlere yandaş oluyorsun otomatik
Kararını çabuk ver, fazla vakit yok

Ben o yürüyüşte çok utandım Hocam
Yoksa barışı da şeytan işi mi sandın?
Say ki şeytan da yürüdü
Yürüyeceğiz barış için
Kararını bir an önce ver katıl yeni yürüyüşlere
Yürüyebilecek durumda iken
İş işten geçerse yürüyemezsin
Konuşamazsın dinden doğruluktan
Tanrıdan söz edemezsin
Kime edeceksin, biz olmayacağız, sen olmayacaksın
Kimse olmayacak, dünya bir toz, bir duman
Kusura bakma söylüyorum diye
Hocam!

FRAGEN DES MOSCHEEBESUCHERS

Zwölf Monate lang, jeden Tag fünfmal
rufst du mich zur Moschee, Hodscha.
Du sagst: Diese Stimme ist die des Herren.
Von deinen fünf Rufen leiste ich mindestens dreien gern Folge.
Ich stehe hinter dir und verrichte mein Gebet,
gestern in der Heimat als Bauer,
heute als Wanderarbeiter in Duisburg,
immer stehe ich hinter dir, betend.

Freitags gehst du, zu predigen, Hodscha,
um zu sprechen von der Rechtmäßigkeit des Glaubens.
Vom Paradies erzählst du lang und breit und von der Hölle,
wie wir die Töchter erziehen sollen, die Frauen verhüllen;
selbst wenn du vom Paradies sprichst, klingt deine Stimme
                                                    zuweilen noch zornig.
Sprichst du über die Frauen, so bist du sehr halsstarrig;
ich möchte auf dich wütend werden, sage mir aber:
dieser ist Gottes Mann -
und schweige.

Eine Demonstration gab es hier im Frühjahr:
die den Frieden wollen, strömten auf die Straße.
Jeder sieht, wie sie immer schneller werden,
                                        die Kriegsvorbereitungen,
wie man Waffen schmiedet aus unseren Steuergeldern.
Das Leid war schon groß genug in der Vergangenheit,
aber jetzt wird niemand und nichts bleiben,
ausgerottet werden wird die Menschheit mit Stumpf und Stiel.
Es gibt keinen Unterschied mehr, weder den der Sprache,
                                        der Religion noch den der Hautfarbe, den des Berufs;
Christen, Juden und Hindus marschierten,
ihre Anführer voran. Ich blieb stehen und schaute:
du warst nicht an der Spitze der marschierenden Muslime.
Sehr lange betrachtete ich jeden einzelnen der Tausenden,
                                        Zehntausenden, die dort zogen ...
meine Augen suchten dich voller Geduld -
du warst nicht da.
Gutes und Richtiges hast du mir seit vielen Jahren gesagt,
sehr schön hast du erzählt von Hölle und Paradies.

Alles kann ich dir wiederholen, nichts habe ich vergessen.
Mich wundert, warum du nicht hier bist.
Tief im Innern frage ich mich, ob der Islam
denn eine Religion des Krieges ist.
Daß dem nicht so ist, hast doch du mich gelehrt!
Warum aber bist du dann nicht hier?

Sei mir nicht böse;
nachdem du mich tausendundeinmal belehrt hast,
gib mir nunmehr nur eine Auskunft:
bekenne, auf welcher Seite du stehst, in welche Richtung du
                                                    gehst!
Rechnest du dich zu denen, die nach Krieg schreien,
oder gehörst du zu den Friedfertigen?
Wähl deinen Platz, verliere keine Zeit;
unparteiisch kannst du in dieser Frage nicht sein!
Sei mir nicht böse, daß ich es erkläre:
Wenn du nicht bei den Friedliebenden bist,
gehörst du zur Partei der Krieger, ob du willst oder nicht.
Mach voran mit deiner Entscheidung; die Zeit wird knapp!

Ich habe mich sehr geschämt bei dieser Demonstration -
hast du etwa geglaubt, der Friede sei des Teufels?
Hast du gerechnet, der Teufel sei mitmarschiert?
Für den Frieden marschieren wir, jetzt und zukünftig,
entscheide dich gleich und nimm teil, demonstriere,
solange man noch demonstrieren kann!
Wenn erst die Stunde schlägt, kannst du nicht mehr marschieren,
kannst du nicht mehr sprechen vom Glauben
                              und seiner Rechtmäßigkeit,
kannst du von Gott nichts und niemandem mehr erzählen
- wir werden nicht mehr sein, noch wird es dich geben!
Keinen wird es mehr geben, die Welt wird Staub sein und Rauch!

Entschuldige, daß ich das alles dir sage ...
aber, Hodscha, denke gut nach!

DUİSBURG ŞOFÖRLERİ

Geç bir trenle Münihten döndüm. 23.40'ta indim Duisburg istasyonuna. Bu saatte otobüs, tramvay işlemez artık. Hava da çok ayaz. Ekim yarıyı geçti. Hemen öndeki taksilere yürüdüm. Yüz yıl önce çekilmiş yada çizilmiş resimlerini gördüm Duisburg'un. İstasyonun önünde at arabaları duruyor. Küçük bir yapı o zaman. Endüstri başlamış, başlamamış. Yaşam bugünkü kadar cilalı değil. O günden bu yana korkunç değişmiş. Bugün de değişir durur. Yenilenir sürekli. İn bin yerlerinden merdivenlerle aşağılara dökülen yolcular, biri doğu, biri batı, iki çıkışa yürür. Yan yana on üç çift rayın uzandığı yukarıdan daha geniştir aşağısı. Yiyecek, içecek, hatta giyecek satım- evleri vardır. Gazete, kitap, dergi satımevleri... Bir yanı da reklam vitrinleridir. Saç kalmamış erkek kafalarda saç bitirme reklamı dışında pek de güzel düzenlenmişlerdir.

Almanya'nın her yeri gibi Duisburg'da da işsizliği önleme çabaları büyüktür. „Şurayı yık, yeniden yap! Şurayı alçalt, burayı yükselt!" yöntemi eskiden beri bunlar arasındadır. Yapım yada onarım olmayan ay yoktur.

Batı çıkış; istasyonun ana çıkışıdır. Burda ağzı genişler. Bilet ve bilgilendirme gişelerinden başka çiçekçi, lokanta, biraevi, ekmekçi, sosisçi vardır. Bir banka eniği yerli yabancı yolcuların işini görür, para değiştirir, para bozar... Sonra sık sık güzelleştirilen ön alan gelir. İki yanda otobüs, taksi durakları sıralanır. Alttan da dursuz duraksız bir otoyol akar. Gecenin geç saatinde biraz seyrelse de özel otomobiller akmayı sürdürür.

Taksi durakları soldadır. Ayaza soğuğa gelemediğim için hemen en öndekinin kapısını açtım. Ama açmamla kapamam bir oldu. Şoförün yanında konuğu var. İçmişler sigarayı, taksinin içini doldurmuşlar. Boğulacaklar, haberleri yok. Arkadakine gidecek oldum; şoför parmağını sallayarak, „ona, ona!" dedi. Gene de yakınına varıp, „İçi duman dolu taksiye binme zorunluluğu ne zaman çıktı?" diye sordum. Parmağını gene öyle sallayıp çekti. O sırada öndekinin şoförü: „Kibar kavat, taksiyi özel araba sanıyor!" diye sövdü Türkçe. Konuşmasını Almanca'ya döndürüp yapma bir kibarlıkla, „Duman iki saniyede boşalır, buyurun bitte!" dedi.

68

Yüzüne baktım: Kulağımı doldura doldura sövmesini geri çevirip yüzüne çarpayım mı, yoksa anlamazlıktan gelip bineyim mi? Saat bela saati değil. Bunun o da ayırdında. *„Bitte schön mein Herr!"* deyip ekliyor: „Kavat oğlu kavat!" Türk Türke bela çıkarıp karakolluk olmak işime gelmiyor. Yarın duyan onu kınamaz, beni kınar. İçimden „Ah!" çekip öfkemi yutuyorum. Kuzu kuzu biniyorum taksiye, sesim çıkmıyor.

Konuk arkadaki taksilerden birinin şoförüymüş; ona da „Güle güle!" çekiyor.

Duisburg istasyonunun önünde, başka duraklarda, başka şehirlerde, epeyden beri pek çok Türk taksi şoförü çalışır. İçlerinde oldukça efendileri vardır. Saygı, görgü sanki bir onlardadır. İşten kazandıklarıyla yurtta edinilen evin yada arsanın borcu kapanmadığı için, gece taksi kullanırlar. Günden güne yaşam pahalanıyor ne olsa.

Alman sürücüye raslarsan işin daha ciddidir. Tek tük onlardan da böyle sigaracı, tütüncü çıkar. Söylersen hemen söndürür, özür diler. Binde birdir kabası. Bana nedense bizimkilerin kabası daha fazla gibi gelir. Sövünce ananı, dedeni tesbihe dizer. „Kavat oğlu kavat!" der örneğin. Gece yarısı bana „kibar" demesi de sövgüdür. İyi anlama söyler görünüp kötü söylüyor. Ne hakkı var bana „kibar" demeye, „kavat" demeye? Gördü mü öyle işler yaptığımı? Haydi bana dedi, babama demeye ne hakkı var?

„Nereye gitmek istiyorsunuz?" diye sorsun bekledim, sormadı. Kendim söyledim zorunlu.

„Otoyoldan mı, şehir içinden mi gidelim?" diye sordu.

„Otoyoldan lütfen..." dedim.

Düştük gidiyoruz. Kaç yıldır taksi şoförlüğü yaptığını. Duisburg'un neresinde oturduğunu sordum. Araba kendinin mi, yoksa firmanın mı? Sorularımı yarı istekli, yarı isteksiz yanıtlıyor. Gerçekte Mannesmann'da vinç ustasıymış. İyi de para alıyormuş. Ama çocuklar büyümüş, giderleri artmış. Arada böyle taksiye çıkıyormuş. Yaşam gerçekten pahalanıyormuş. Çalışıyormuş, ne yapsın?

Ren üzerindeki köprüyü geçtik. İlk gelen çıkıştan Homberg'e kıvrıldık. „Sachtleben" adlı kimya fabrikasına geldik, o da benim hangi ulustan olduğumu sordu.

„Türküm..." dedim.

Yoksa söylemese miydim?

Elini frene atacak gibi yaptı, atmadı.

Başını döndürdü, hafif yan gözle baktı: „Şunu baştan desene be kardeşim! İnsanı gecenin bu vaktinde niçin günaha sokuyorsun?"
„Dedim ya Türküm; aklım başıma geç geldi. Senin de öyle değil mi?"
„Nasıl?"
„Yani aklın..."
„Nasıl aklım?"
„Yani aklın başına geç gelmez mi?"
Taksiyi dikkatle sürüyor. Bir araba solladı. Moerser Caddesi kavşağına geldik.
„Akıllar türlü türlüdür. Kiminin geç gelir, kiminin hiç gelmez!"
„Ben seninkini sordum..." diye üsteledim.
„Benimkine bakma; hiç gelmez..."
Lamba kırmızı; kavşakta duruyoruz. Saat tık tık atıyor.
Şimdi tam mahalleye giden yoldayız. Duracağı yeri söyledim. Hesap 19 Mark tuttu; 20 almasını, bir alındı kesmesini rica ettim.
„Senden 15 alacağım! Yüzüne karşı çok ayıplık işledik. Şu sigarayı diyorum, içmesek iyi; ama zayıfız, içiyoruz. Arabanın içinde müşteriye de, kendimize de zararlı. O inip giden var ya, Kangallı Cafer deriz, beni o azdırdı. Soğukta bekle bekle, vakit geçmiyor...
Şimdi iznin olursa senden hatta 10 alacağım..."
„Hayır, 20 alacaksın! Öbür konuda tartışmadık, lütfen bunda da tartışmayalım. Yirmi al, sen de beni hoşgör..." dedim.
Alındıyı kesti, 20'yi aldı: „Yahu aslan hemşerim, adını soracağım, ama yüzüm yok! Sen bu gece bana akıldan çıkmaz bir ders verdin!"
„Dünyadır, bakarsın gene görüşürüz; adımı o zaman söylerim. Hoşça kal..." dedim.
İnip kapıyı açtı; bana iyi geceler diledi.
Sonra uzun zaman istasyonun önünde bana „kavat" diyen şoförü aradı gözlerim. Ne yazık bir daha raslamadım ona. Bundan sonra raslar mıyım, bilmiyorum. Umudum zayıf, çünkü Duisburg koca şehir; Ren ile Ruhr'un birleştiği yerde, orda öyle kaynar durur.

70

DUISBURGER TAXIFAHRER

$\mathfrak{E}$s war spät, als ich mit dem Zug aus München/Nürnberg ankam, fast Mitternacht. Um diese Zeit fuhren weder Busse noch Straßenbahnen. Und kalt war es. Eilig ging ich zu den Taxen. Wo sie waren, standen früher Pferdekutschen. Das hatte ich auf alten Fotos vom Duisburger Hauptbahnhof gesehen. Ich öffnete die Tür des ersten Taxis, schlug sie aber sofort wieder zu. Der Fahrer hatte bereits einen Gast bei sich. Außerdem war der Wagen voller Zigarettenqualm. Sie werden daran ersticken, dachte ich und wollte in das nächste Taxi einsteigen. Aber dessen Fahrer wies mit dem Finger auf das erste: „Zu ihm! Zu ihm!" sagte er. Der Fahrer des ersten Taxis rief ihm auf türkisch zu: „Vornehmer Kerl! Der hält Taxis für Privatautos!" und fluchte. Dann wandte er sich in deutsch an mich und tat sehr zuvorkommend. „Ich lüfte sofort den Wagen. Kommen Sie bitte!"
Ich sah ihm ins Gesicht. Sollte ich seine Flüche erwidern? Oder sollte ich so tun, als ob ich sie nicht verstanden hätte? Es ist jetzt nicht die Zeit, sich zu ärgern, überlegte ich. Er schien das gleiche zu denken. „Bitte schön, mein Herr!" sagte er und fügte auf türkisch hinzu: „Blöder Kerl!"
Ich wollte als Türke einem Türken keine Probleme machen. Darum schluckte ich meinen Ärger hinunter und stieg wortlos ein. Der Gast, der neben ihm saß, stieg aus. In Wirklichkeit war es ein Kollege, ein türkischer Taxifahrer, wie es viele in Duisburg gibt. Da sie mit ihrem Gehalt die Schulden für ein Haus oder Grundstück in der Heimat nicht abbezahlen können, arbeiten sie abends als Taxifahrer. Wenn die fluchen, dann ziehen sie die ganze Familie durch die Gebetskette. „Blöder Kerl!" hatte er gesagt. Und selbst als er mich vornehm nannte, war das eine Beleidigung. Ich spürte genau, wie er es gemeint hatte. Woher nimmt er sich das Recht, mich vornehm zu nennen, dachte ich, hat er mich je so erlebt? Angenommen, er hätte es, woher nahm er das Recht, auch meinen Vater so zu nennen?
Ich wartete auf die Frage, wohin ich gefahren werden wollte.
Aber er fragte nicht. Deshalb mußte ich es ihm sagen.
„Sollen wir über die Autobahn oder durch die Stadt fahren?"

„Über die Autobahn, bitte", sagte ich. Wir fuhren los. Ich versuchte mit ihm ins Gespräch zu kommen und fragte ihn, seit wann er als Taxifahrer arbeitete und wo er in Duisburg wohnte. Wem das Auto gehörte, ihm oder der Firma? Meine Fragen beantwortete er teils bereitwillig, teils widerwillig. Tagsüber arbeite er als Kranfahrer bei Mannesmann. Er verdiene dort gut. Aber die Kinder würden größer und damit die Ausgaben auch. Hin und wieder würde er als Taxifahrer arbeiten. Das Leben würde immer teurer.

Wir fuhren über die Rheinbrücke. An der Ausfahrt Richtung Homberg bogen wir von der Autobahn ab. Er fragte mich nach meiner Nationalität.

„Ich bin Türke...", sagte ich. Oder hätte ich es besser nicht sagen sollen? Er wollte bremsen, tat es aber dann doch nicht. Statt dessen drehte er sich leicht zu mir um: „Warum sagst du das nicht sofort, Bruder! Warum läßt du mich mitten in der Nacht sündigen?"

Er fuhr sehr vorsichtig weiter. Wir kamen an die Kreuzung der Moerser Straße. Die Ampel zeigte rot. Wir warteten.

Als wir in meiner Straße angekommen waren, zeigte ich ihm, wo er anhalten sollte. Der Fahrpreis betrug 19 Mark. Ich bat ihn, auf 20 Mark herauszugeben und mir eine Quittung auszustellen. „Ich nehme nur 15 Mark von dir. Schließlich habe ich mich dir gegenüber unverschämt verhalten. Ich meine wegen des Rauchens. Nichtrauchen ist besser. Aber ich bin nun mal schwach. In der Kälte warten. Und die Zeit vergeht nicht. Du verstehst. Wenn du erlaubst, nehme ich zehn Mark von dir." „Nein, 20 wirst du nehmen. Und verzeih' du mir auch", sagte ich.

Er stellte die Quittung aus und nahm das Geld. „Mein guter Landsmann", sagte er, „ich möchte dich nach deinem Namen fragen. Aber ich wage es nicht. Du hast mir heute nacht eine wichtige Lektion erteilt."

„Die Welt ist verdammt klein. Vielleicht begegnen wir uns irgendwann wieder. Dann nenne ich dir meinen Namen. Mach's gut!" verabschiedete ich mich. Er stieg aus, öffnete mir die Tür und wünschte mir eine gute Nacht.

Immer wenn ich seitdem vor dem Bahnhof in ein Taxi einsteigen will, halte ich nach dem Taxifahrer Ausschau, der mich blöder Kerl genannt hat. Leider bin ich ihm nie mehr begegnet. Ob wir uns jemals wiedertreffen werden?

ALİ ÖZENÇ ÇAĞLAR

BIOGRAPHIE

Geboren 1947 in
Akhisar/Türkei

Lebt seit 1973 in der
Bundesrepublik Deutschland
in Düsseldorf

Schreibt in Türkisch

Mitglied im Literaturkreis
türkischer Schriftsteller
in NRW

1979
Auszeichnung beim
Arbeiterliteratur-Wettbewerb
„Sanat Emeği"

1985
3. Preis beim
Literatur-Wettbewerb
der Arbeiterwohlfahrt
Gelsenkirchen

1986
2. Preis beim
Literaturpreis in der Schweiz
zum Jahr des Friedens

1993
Karikatur- und Literatur Förder-
preis „Örsan Öymen" der
Tageszeitung Milliyet
und İŞ-Bank

ÖZGEÇMİŞ

1947'de Akhisar'da doğdu

1973 yılından beri Federal
Almanya'nın Düsseldorf
kentinde yaşıyor

Türkçe yazıyor

Kuzey Ren Vestfalya Türkiyeli
Yazarlar Çalışma Grubu üyesi

1979
Sanat Emeği dergisi „İşçi
Yazarlar Öykü ve Roman
Yarışması"nda ödüle değer ilk
5 yapıt arasına girdi

1985
Arbeiterwohlfahrt Gelsenkir-
chen'in düzenlediği „Türkler
Almanya'da" konulu şiir ve
öykü yarışmasında 3. lük
ödülü

1986
İsviçre'de 1986 Dünya Barış
Yılı nedeniyle açılan bir ede-
biyat yarışmasında 2. lik ödülü

1993
Milliyet Gazetesi ve Türkiye
İş Bankası'nın açtıkları Örsan
Öymen Yazın ve karikatür
Yarşması'nda başarı ödülü

BIBLIOGRAPHIE

Gece Sabaha Durdu
Gedichte
Ortadoğu Verlag,
Oberhausen 1987

Korkunun Ötesi
Kurzgeschichten
Yeni şiir Publikationen,
Ankara 1989

Hıçkırıklar Kuş Kanadı
Aydın Kitabevi Publikationen,
Ankara 1991

Destanca
Broy Publikationen
İstanbul 1994

YAPITLARI

Gece Sabaha Durdu
Şiirler
Ortadoğu Yayınevi
Oberhausen 1987

Korkunun Ötesi
Öyküler
Yeni şiir Yayınları
Ankara 1989

Hıçkırıklar Kuş Kanadı
Aydın Kitabevi Yayınları
Ankara 1991

Destanca
Broy Yayınları
İstanbul 1994

76

DÖRTLÜKLER

Sevdiceğim

karadutun damlası iz etti yanağına
gizem dolu söyleşin iniyor yürğime
meleşirken kuzular zaman akmada akmada
boy verdi iki bebek, iki oğul koşmada

Ak Tutkular

açtı mı mor erguanlar, dikenli akasyalar
ışıklar yanıyor mu tütüyor mu bacalar
sınırları aşarken selam getirmedin mi
gülüyor mu yeniden sokaklarda çocuklar?

İstanbul

yer etmişse eğer usumuzda istanbul
güç oluyor hamburg'u yaşamak
benzese de bir birine uğultusu mavnaların
türküleri benzemiyor balıkçıların

VIERZEILER

Meine Liebsten

An den Wangen die Tropfenspuren von gelben Maulbeeren
Geheimnisvoll dringen deine Worte in mein Herz
Ungehindert die Zeit, während Lämmchen blöken
Zwei Kinder wachsen auf, zwei Söhne am Laufen

Helle Leidenschaften

Blühen sie noch auf, die scharlachroten Erguane,
                   die stachligen Akazien
Leuchten die Lichter noch, und der Rauch aus den Schloten
Hast du Grüße mitgebracht über die Grenzen hinweg
Lachen die Kinder noch auf den hellen Straßen?

78 Istanbul

Es fällt schwer, Hamburg zu erfühlen
Wenn Istanbul fest verankert ist im Kopf
Die Lieder der Fischer ähneln einander nicht
Auch wenn das Dröhnen der Kähne einander gleicht

KORKUNUN ÖTESİ

Yanıbaşındaki kirli bezle sildi ellerinin yağlarını. Sol kolunun sarkan yenini bir kere daha kıvırdı. İçi sıkılıyordu. Almanya'ya geldiğinden beri ilk gece işiydi. Fabrikadaki sessizlik korku veriyordu ona. Normal çalışanlar çoktan varmıştı evlerine. O da normal gelmiş olsaydı şimdi kocasıyla olacaktı. Belki bir bahçeye gider, birer soğuk bira içerlerdi. Belki de kentin üstünden güneşin kayışını seyrederlerdi balkondan. Neden razı olmuştu bu vardiya işine? Ama o zaman da işsiz gezmek vardı. Arkasından para sıkıntısı. Çünkü İş ve İşçi Bulma Kurumunun kendisine gösterdiği üçüncü iş idi; bunu da kabul etmezse işsizlik parası alamazdı. Üç ay boş gezdiği yetişirdi, çalışmalıydı artık. Fakat nasıl çekilirdi bu? Saat yirmi ikide çıksa, yirmi üçte evde olabilecekti. Belki kocası çoktan uyumuş olurdu. Zaten beklese de ne çıkar, iki laf etmeden gece ilerliyordu. Onun da sabah erken tekrar işe yetişmesi lazımdı. „Güya evliyiz, güya aile hayatımız var, güya en gelişmiş ülkede yaşıyoruz." Güldü, „ne gelişmişlik" dedi yavaşça.

Fatma kaldırdı başını aniden:
„Ne dedin?"
İrkildi:
„Hiç, hiç bir şey."
Bir parça daha verdi makineye, bastı düğmeye, ışıklar yeşil yanıyordu. Çıkardı ve yandaki kasaya koydu. Gözü hatalı mallara ilişti; hayret, çok az kötü çıkmıştı bu gece, iyiler ise yığılıydı. İyi iş yapmıştı. Ustabaşı surat asmayacaktı sabahleyin. Assa da taktığı yoktu ya! Sadece birkaç ay çok çalışmak zorunda hissediyordu kendini. İş sözleşmesini henüz imzalamamıştı çünkü. Diğer yandan buranın havasına da alışamamıştı daha. Karşıdaki makineden Fatma doğruldu:
„Benim işim bitti kardeş, 200'ü tamamladım, Ustabaşı 170 dedi ama, ben fazla yaptım." Elinin temiz yeri ile saçlarını düzeltip:
„Ne yaparsın kardeş, aldığımız parayı hak etmemiz lazım, öyle değil mi ama?"
Diğeri kendini sandalyeye yaslayarak:
„Hangi parayı?" dedi.
„Hangi parayı olacak, aylığımızı tabi!"

„Ayda kaç para kazanıyorsun Fatma?"

„Şey, ben mi? ...900 Mark. Ama ben çalıştığım gazinodan da alıyorum."

„Hayır canım, ben sana gazinoyu sormuyorum."

O, bunu söylerken farkında olmadan ses tonu biraz yüksek çıktı. Fatma karşısındakinin yüzüne dikti gözlerini, bir şey anlamamıştı. Halbuki kötü de söylememişti o; tutamadı kendini:

„Bana kızdın mı kardeş?"   ,

„Hayır Fatoş kızmadım. Ben de laf olsun diye soruyorum işte. Peki gazinodaki işlerin nasıl gidiyor?"

„Çok iyi, biz kocamla birlikte oradayız. O çalıyor, ben de söylüyorum."

„Neler söylüyorsunuz?"

„Orhan'dan, Ferdi'den falan."

Fatma daha anlatıyordu. Ama o dalmış gitmişti yine. „900 Mark" diye tekrarladı Fatma'nın söylediğini. Kendisi henüz ne kadar alacağını bilemiyordu. Yeni girmişti çünkü. Bu ay belli olacaktı, ama Fatma 900 alıyorsa, o da ancak 800 alabilirdi. Hem akordu istenilen düzeye çıkaramamıştı daha. Hele Fatma kadar hiç yapamazdı. O fazla sayı çıkarsın diye, bazen işe bir saat önce gelirdi. Kendisi de burasını bulduğuna sevinmişti, oysa şimdi hoşuna gitmiyordu. Siemens iyiydi, dedi içinden. Orada 1200 Mark geçiyordu eline. „Ah körolası Maria, bana diş bilemeseydi, hiç o firmadan çıkar mıydım? Bay Müller de isteseydi aslında durdurabilirdi çıkışımı ya!" İşçi Temsilcisi Mümtaz geldi aklına sonra, „Tüh deli kafam" dedi. „Bir de adam seçilsin diye ne gerekliyse yaptım. Ama o yine benim hakkımı korumadı. Onun tavsiye ettiği avukat yüzünden mahkemeyi bile kaybettim. Durgunlaştı birden: „Bir buçuk aylık hamile kadının sokağa atılmasını yasalar bile önleyemedi. Gerekçeleri ise, hamilelik belgesini dört gün geç getirmem oldu. Halbuki Türkiye'de hiç böyle anlatmazlardı burasını. Kimse kimsenin hakkını yemezmiş, herkese yapabildiği işi verirlermiş, falan." Aklına, kışın soğuğunda barakalarda kalan hemşerileri geldi tek tek...

Kabus gibiydi buradaki yaşamı onun için. Öylesine kapılmış gidiyordu. Kafası karmakarışık sorularla doluydu. Oysa kocası sabırla anlatıyordu ona, gece gündüz anlatıyordu. „Sendika" diyordu. „İşçi Temsilciliği" diyordu. „Örgüt", „Parti" diyordu. Fakat kolay değildi; hepsini bir araya getirip toparlayamıyordu henüz. Gerçi şimdi o da gülüyordu eskiden „Köşeyi dönme" ha-

yallerine. „Özel ana okulu"na. Durdu: „Okul" dedi. Yüzü hafif gerildi, gözleri kısıldı. Alt dudağı titrer gibiydi nedense. Birden ışıklar yandı. Fatma, elinde naylon torbasını almış:
„Hadi kardeş daha hazırlanmıyor musun, bak saat ona beş var, tren çeyrek geçe geliyor."
„Ya! Hemen," dedi telaşla, „vakit ne çabuk geçmiş."
Fatma: „Sen bana çok yapma diyorsun ama, kendin bu gece beni de geçtin."
„Sanmam, ben sana yetişemem."
„Hadi hadi canım görmüyor muyuz, kasalar dolu."
Doğruldu sandalyesinden, makinenin ışıklarını söndürdü. Bir bezle hafif önüne dökülen tozları sildi. Kötü malları yerleştirdi ve Fatma'yla birlikte çıktı.
Yürüdüler dışarıya doğru. Kapıda bekçiyle karşılaştılar. Bekçi elindeki feneri onlara doğru tuttu ve bağırdı:
„Fatma, hepsi tamam mı?"
„Evet."
„İyi geceler."
„İyi geceler" diye yanıtladılar adamı.
Kentin gürültüsüydü ilk kulaklarına çarpan; cadde boyu sıralanan renkli ışıklar, süslü vitrinler nedense hiç etkilemezdi onu. Yürüdü yorgun ayaklarıyla istasyona doğru. Alt geçitten aşağıya indiler, karanlıktı. Tam çıkıştaki sigara otomatı ilişti gözüne. Parça parça edilmişti. Belli yeni kırılmış. „İşsiz gençlerin işidir" dedi. „Yine sağı solu yerle bir etmişler." O alışıktı bunlara. Evin önündeki telefon kulübesinin camlarını da kıran bunlar değil miydi?
Fatma ayağının ucuyla cam parçalarını iterek:
„Gençler ortalığı kasıp kavurmuşlar yine" dedi.
„Öyle."
„Biliyor musun, iş bulamayan gençlerden."
„Ben tanıyorum, bizim Ankara'lı Nazmiye'nin oğlu da böyle otomat kırıyormuş. Bir keresinde de polisler yakalamış. Ama salmışlar sonra. Hele bizim adamın bir tanıdığı var, onun çocukları işte, nah üç tane, üçü de serseri. Babası 'İllallah' diyormuş. 'Ne Türkiye'ye gönderebiliyorum, ne burada başa çıkabiliyorum'. Zamane çocukları ne olacak, dünya umurlarında değil."
Trenin ışıkları uzaktan göründü. Çantasından biletini çıkarıp bastı saate: „Tam yirmi ikiyi on beş geçiyor, belki de bizimki yatmamıştır." İçini bir an önce gitme tutkusu kapladı. Fatmanın anlattıklarını duymadı bile. Trenin durmasıyla binmesi bir oldu.

Kapının kıyısındaki koltuklara yerleşiverdiler. Karşılarında, kucağında köpeği ile oturan yaşlı Alman kadını vardı. Selamladı başıyla, kadın gülümsedi. Bir kaç kez aynı trende görmüştü onu. Aslında bazı yaşlı Almanlar öyle her önüne çıkan yabancıyla konuşmaz ama, bu onlardan değildi. Az sonra inmesi gereken durağa yaklaştığını farketti. Kalktı: „İyi geceler" dedi yanındakine. Trenin duruşu ile yürüdü. Mekanik bir gıcırtıyla açılan kapıdan indi aşağıya. Bir gün daha bitmişti onun için. Yaşamaksa eğer, bir gün daha yaşamıştı. Doğu istasyonunun altından ilerledi yukarıya doğru. Bu saatte 98 numaralı otobüs de gelmiş olmalıydı, eve ne kadar çabuk varırsa kardı onun için. Şöyle bir kendini atsa yatağa, belinin ağrısı geçebilirdi belki de. Sağ ayağındaki varisin sızladığını hissetti birden. Canı sıkıldı. Türkiye'de kimsenin bu kadar varisten şikayet ettiğini duymamıştı. Kimsede damarları mor mor dışarıya fırlamış şiş bacaklar görmemişti. İçi ürperdi.

Otobüsün burnu göründü karşıdan. „İyi ki gecikmedi," diye düşündü. „Yirmi üçten önce evde olurum herhalde..." Alplerden inen soğuk hava Münih'i tümden kaplamış gibiydi. Tavşan derisi kürkünün yakalarını kaldırarak ilerledi otobüse doğru. İşçilerin yorgun sessizliği ile otobüs, Odeon caddesi yönüne hareket etti.

Adam, oyun kartları gibi elinde tuttuğu sendika üye fişlerini sehbanın üzerine yaydı. Kendini oturduğu deri koltuğun yumuşaklığına bıraktı. Çöplükten falandı eşyalar ama, yine de güzeldi. Aklından „Olsun, Türkiye'de herkesin evinde yoktur bu mobilyalar" diye geçirdi. Fakat henüz renkli televizyon alamamıştı. Gerek görmüyordu zaten. Bütün gün ölürcesine çalıştıktan sonra, insan hangi kafayla televizyon seyredebilirdi ki? Aldı eline fişleri, tekrar saydı: „Trabzonlu Sami, Tahsin, Uşaklı Şeref, Aydınlı Hüseyin dayı, Hulusi." Güldü sonra da. „Bravo bize," dedi. „Edirneli Kasap Ali'yi bile sendika üyesi yaptık ya, bırak artık ötesini. Evel Allah şimdiden ben bu işi başarılmış görüyorum. Bay Luis bunları duyunca deliye döner sanırım." Karısına doğru bakarak: „Firmanın eski işçilerinden Hüseyin dayının anlattığına bakılırsa, on yıllıkmış burası ve on yıldan beri de gece vardiyası çalıştırdığı halde, hiçbir işçiye hakları olan vardiya parasını ödememiş. Toz parası desen, adı bile yok. Onu bırak, Denizli'li Hulusi, altı senelik işçi ve kırk beş yaşında olduğu halde, 17 gün izin veriyorlar. Onun durumunda olan işçiler, diğer büyük firmalarda en azından yirmi sekiz iş günü alıyorlar. Nerde cin, nerde şeytan. Ama insancıklar bugüne değin bir kere olsun akıl edip, 'bu neden böyledir?' diye sormamışlar." Kadın kaldırdı başını, bir köşede okumakta olduğu kitaptan: „Bana kalırsa sen doğru düşünmüyorsun. Hiç söylememelerine, şikayet etmemelerine imkan var mı? Ama kendilerinde daha fazla direnme cesareti bulamıyorlarsa, onlara yol gösteren yoksa, ne yapsınlar? İşte bizim firma da on senelik, belki de daha fazla; ne işçi temsilciliği var, ne de sendika. Peki o işçiler kimin aracılığı ile sorunlarını dile getirsinler? Daha dün Adanalı Emine abla anlattı, bunlar beş kişi bir aile, dört seneden beri bizde çalışıyorlar: Dört kişinin aylığı ile, dört can zor geçiniyor. Geçen akşamüstü paydostan önce Şefe, küçük kızına elli *Pfennig* zam için çıkmış; patronun dövmediği kalmış koca kadını. Sonunda da: „İster çalışırsınız, ister çalışmazsınız, kapıda bekleyen yüzlerce işsiz var, sizin yerinize onlardan birini alıveririz." demiş. Kadın sus pus olmuş, ayrılmış oradan. Söyle ne yapsın şimdi bu zavallı? Adamlar bir güzel dışarıdaki milyonlarca işsizi, fabrikadaki işçilere karşı koz olarak kullanıyorlar. Böylece işsiz olanlarla, çalışanlara baskı yapıyorlar, tehdit ediyorlar onları. Ben sekiz aydır çalışıyorum. Deneme süresi biteli beş ay olduğu halde, soran bile yok. Hala ilk girdiğim ücreti alıyorum ve sanıyorum benim durumumda daha onlarca işçi var. Sabah Ustabaşına hatırlattım da, bana alaylı alaylı: „Çok sabırsızsın" dedi. Üstelik hiçbir bölmede iş güvencemiz yok. Geçen yıl doğramada, parmaklarını kaptıran Stefan da öyle gürültüye gitti. Sonra da: „Kendi dikkatsizliği" deyip, bir rapor verdiler, o kadar. Bağırsın dursun istediği kadar. Sendikalı olsaydı en azından güç kaybı, tazminat vs. alırdı. Ondan da mahrum kaldı zavallı."

Adam bir daha saydı fişleri, „On beş" dedi. „Yirmi dokuz işçiden on beşini şimdilik sendika üyesi yaptık. Bay Leistner'in kulakları çınlasın. Yarın gidip bunları sendikaya teslim edeceğim. Ondan sonra bir seçim, o zaman gelsinler de kafa tutsunlar bize; 'İstediğimiz zaman, tutar kulağınızdan atarız kapı dışarı' desinler, hele bir desinler. Her şeye karşın insanların biraz daha kendilerini zorlaması gerekir. Her yerde bizim kolumuzdan tutacak değiller ya!"

Kadın yine kitaptan başını kaldırdı: „Bana, oku diyorsun ama, kendin hala havalarda uçuyorsun, ne dersin? Biliyor musun, hani şu aceleciliğin, hala üzerinde senin? Her şeyin oldu bitti ile halledilmesini istiyorsun, ama nasıl? Kiminle? Deminden beri on beş fişi on beş kere saydın. Buna onları ne ölçüde inandırdığından kendin bile kuşkulusun. O halde nasıl başarıya ulaşırız biz? Anlattım bizim fabrikayı, üçyüz işçi çalışıyoruz, iki yüz ellisi yabancı, çoğunluğu köylerden gelme, çoğunluğu ilk defa Almanya'da işçi olmuş. Yani diyeceğim, önce sabır ister, bıkmadan usanmadan anlatmak ister. Onları, edindikleri kendi deneyimlerinden örnekler vererek inandırmak ister. Bu da içi boş sözlerle olmaz tabi."

Kocası elini kadına doğru kaldırdı gülerek:

"Yetişir artık ha, ne dersin, bana iyi nutuk çektin bu gece? Hani ben de sendeki bu gelişmeyi olağanüstü görmeğe başlayacağım. Olağanüstü bir sıçrayış."

"Hiç de olağanüstü değil", diyerek sürdürdü konuşmasını kadın.

Tekrar kitabı kocasına sallayarak:

"Bu konuda senin de hakkını yemiyorum tabi, en azından bana okumayı sevdirdin, bizimkilerin çoğunluğu gibi, evde çocuk doğuran, bulaşık, çamaşır yıkayan biri olarak görmedin beni, bu da gelişmeme, kişiliğimi kazanmama yol açtı."

Adam ayağa kalktı, bir sigara yaktı, derin bir nefes aldıktan sonra, ışığa doğru üfledi, dumanlar halka halka odaya yayılıyordu.

Adam:

"Sana hak veriyorum birtanem, ben galiba işe biraz duygusal yaklaşıyorum. Ne bileyim, her gün yüzlerce işçinin sokağa atılmasına tahammül edemiyorum. Sabırsızlığım işte buradan geliyor. Biliyorsun bunların hepsi de belli bir süreci gerektiriyor, hiç birini yadsımıyorum, ama ne yaparsın ben de bu sürecin bir halkasıyım, bir parçasıyım; benim de eksiklerim var."

Kadın attı kitabı elinden, sokuldu kocasına doğru, gözleri ışıl ışıldı. Kendine olan sonsuz güveni, dirençli azmi her tavrından okunuyordu. İşaret parmağını sallayarak:

"Var mısın benimle yarışa?" dedi. "Hadi, ne diyorsun? Bak çalıştığım firma öyle yirmi dokuz kişilik değil, tam üç yüz işçi var. Bizim de ne İşçi Temsilciliği ne sendikamız var; zorluklarımız aynı. Gel önümüze bir hedef koyalım, bakalım kim daha önce seçimleri yaptıracak, bakalım kim sendikayı ve İşyeri İşçi Temsilciliğini, işverenin engellerini aşıp kurabilecek?"

Adam: "Ama işin içinde kapı dışarı edilmek de var" dedi.

Kadının gözleri alevlendi birden: "Sen beni ne sanıyorsun kuzum, eğer ben kendi rahatıma düşkün olsaydım bugüne değin iki, üç fabrika değiştirmezdim; her şeye kafa sallar otururdum yerimde."

"Hayır" dedi adam, "yanlış anlama beni, söylemek istediğim dikkatli olmamız içindir."

„Haklısın" dercesine salladı başını kadın.

Yola çıkarken yağmur hafif yağıyordu. Fakat şimdi iyice sıkıştırdı. Bisiklete binerken bunu hiç düşünmemişti. Sırtındaki yağmurluğa karşın, sucuk gibi oldu. Hele şu yokuş yok mu, ter içinde bıraktı onu? Arkadaşlarına da toplantı yerine vaktinde geleceğini söylemişti. Bu, üye kayıdından sonra yapılan ikinci toplantıydı. Bugün seçim komisyonu belirlenecekti. Toplantı Ottobrunner caddesinde, fabrikaya yakın bir kahvede yapılıyordu. Buraya işverenin adamları da gelecekti. Kahveye çıkan sokağın ağzında durdu; karşıdan gelen arabaların geçmesini bekliyordu. Sonra tekrar hareket etti. İçi içine sığmıyordu. Hem sevinçliydi, hem de tedirgin. Yarışı kaybetmek üzereydi. Kocasının firmasında seçimler yapılmıştı bile. Hem vardiya kesintilerini, hem de toz parasını işverenden söke söke almışlardı. „Gayret kızım", dedi içinden, „az kaldı."

Kahvenin önüne vardığında, karşıdan tercümanla sendikacı arkadaşların da geldiğini gördü. Bisikletini bir kenara bırakarak, onlara doğru yürüdü. El sıkıştılar ve içeriye girdiler. Hayret, toplantı salonu doluydu. İşçilerden fazla kısım şefleri, ustabaşılar, memurlar vardı. Aslında patron her ne kadar bu işin, onun başının altından çıktığını biliyorsa da, sendikacılarla birlikte görünce, iyiden iyiye köpürecekti. Kapıdan girerken, salondaki işçiler alkışladı bunları. Aniden bütün anti-sendikacıların başları geriye çevrildi. Artık kargaşa bitmişti. Birkaç dakika sonra herkes yerlerini aldı. Sendika şubesinden gelen sendikacı ayağa kalkarak, salondakileri selamladı ve söze başladı:

„Arkadaşlar, sendikal hareketin büyük boyutlar aldığı ülkemizde, bunun daha da gelişmesi, düzenli ve planlı çalışması, hem işçileri, hem de işvereni sevindirir kanısındayım. Çalışma başarısının sağlanması için, bu gereklidir de." Kadın sendikacıya doğru baktı. Adam devamla:

„Fakat bugüne değin bu fabrikaya sendikanın girmemiş olması, gerçekten büyük eksikliktir. İşçi temsilciliğinin de keza. Bugün buradaki bazı arkadaşların da aktif çalışmaları sonucu, başarılan sendikalaşma girişimi bize bu firmada temsilcilik seçimleri yapabileceğimiz hakkını vermektedir. İşçilerin yasal hakkı olan Seçim Komisyonu'nu şurada el birliği ile seçeceğiz. Biz, sendika olarak Frau Serden'i ve bir kaç isim daha aday olarak göstereyoruz. Kendisi sendikamız tarafından bu konuda gösterdiği başarıdan dolayı, firmanıza sendika temsilcisi olarak atanmıştır..."

Salonda gürültüler başladı. Karşı çıkmalar, alkışlar, „Abla tebrik ederiz!" diyenler vardı. İleriden, „Söz almak istiyorum!" diye biri el sallıyordu. Bu, kadının bölümündeki Ustabaşıydı: „Hayır!" diyordu, „O bayanı komisyona seçemezsiniz, kanunen bu doğru değildir."

„Neden?" diye sordu sendikacı. Ustabaşı devamla: „Çünkü o bayana çıkış verilmiştir." Sendikacı kadına dönerek: „Doğru mu dedikleri?"

„Hayır," dedi kadın. „Bana henüz bildirmediler ki!" Bu kez sendikacı sesini yükselterek: „Bir dakika sayın bay; çıkış haberiniz henüz arkadaşa bile ulaşmamış, bu nasıl iştir? Kendisinin bugün, bu oylamada seçilmesi durumunda, altı ay firmadan çıkartamayacaksınız." İşçiler tarafından büyük bir alkış koptu. Bu sefer Şef'in yakınında oturan bir işçi bağırıyordu. O, öteden beri üç kuruş para alacağım diye, arkadaşlarını ustabaşına şikayet eden, Afyonlu Salim'di: „Biz kadın temsilci istemiyoruz. Biz gidip derdimizi kadına mı anlatacağız?"

Sendikacı:

„Hadi erkeksen gel de seni seçelim," dedi. Salonda gülüşmeler başladı. Oylama bir saat sürdü ve oylama sonunda kadınla birlikte, sendikanın gösterdiği tüm adaylar seçildi. Kadın rahatladı. Toplantı bittikten sonra, o da diğerleriyle birlikte dışarıya yürüdü. Gelirken onu ıslatan yağmur artık dinmişti. Ara sokaktan ağır ağır caddeye çıktı. Göğün maviliğine uzanmak ister gibi kaldırdı başını havaya; derin bir nefes çekti içine ıslak mayıs sonrasından. „Birinci etap tamam" dedi. „Bizimki kimbilir ne kadar çok sevinecek anlatınca. Ah, diğer seçimleri de böyle atlatsak."

Hafifçe yaladı saçlarını rüzgar. Islıkla bir türkü tutturarak yol aldı eve doğru. Toplantıda sendikacının bir ara: Göreyim seni, dediği geldi aklına, pedala basarak: Göreyim seni, dedi içinden. Mayıs güneşi ise yağmur taneciklerini kurutmak üzereydi. Asfalttan ince bir buhar yükseliyordu.

Fatma'nın suratı asıktı. Her seferinde de gözlerini karşı makinede oturan arkadaşından kaçırmaktaydı. Dünkü seçimlere gelmediği halde, ne olduğu konusunda da ilgisizdi. Birşeyler sezinlemekteydi kadın; ama henüz farkedemiyordu. Bir ara ustabaşı girdi içeriye: „Sizi bürodan çağırıyorlar!" dedi, kendini işaret ederek. Kapattı makineyi; ellerini hafifçe sildi, çıktı. Büroya girdiğinde, Şef, Ustabaşı ve memure vardı. Memure ona imzalaması için bir kağıt uzattı.

„Nedir o?" dedi.

Memure ilgisiz:

„Süresiz çıkış belgeniz."

„Ne demek o?"

„Hiç, çıkışınız veriliyor."

„Ne yani, beni kapı dışarı mı etmek istiyorsunuz?"

Bu kez Şef söz aldı:

„Hem de saat ona kadar işyerini terk etmek kaydıyla."

Kadın şaşırdı, gözlerini kısarak sesini yükseltti:

„Başaramayacaksınız bunu sayın bay; belki beni çıkarabilirsiniz ama, seçimlerin yapılmasına, İşçi Temsilciliğinin, sendikanın fabrikaya girmesine engel olamayacaksınız, bunu unutmayın. Hem lütfen bu çıkışın gerekçelerini de açıklar mısınız?"

Ustabaşı:

„İşçileri çalışmamaya sevketmekten, işyeri disiplinini bozduğunuzdan."

Güldü Ustabaşına doğru kadın:

„Teşekkür ederim, yetişir." dedi ve çıktı gerisin geriye; doğru telefona yöneldi, sendikayı aradı, durumu bildirdi. Orası da, firmadan ayrılmasını ve konunun mahkemeye götürülmesi gerektiğini, belirtti. Çaresizdi, omuzları düştü birden, ağırlıktan ezilir gibi oldu. Peki ne yapmalıydı şimdi. Her şeyi böyle yüzüstü mü bırakmalıydı? Arkadaşları onun atıldığını duyar da, ya adaylıklarını geri çekerlerse, ne olacaktı o zaman? Bu kadar uğraş boşuna mı gidecekti?

Fabrikadan eve döndüğünde kocasını gördü. Adam hayretle:

„Hadi ben rahatsızım diye doktordan istirahat aldım, ya sana ne oldu, sen de hasta mısın yoksa?"

„Hayır" dedi, duyulur duyulmaz bir sesle, „çıkış verdiler."

Kocası yaklaştı, tuttu omuzlarından. Bir eli ile çenesini kaldırdı:

„Peki üzüntün niye, işyerini kaybettiğine mi, yoksa?"

Hiddetlendi kadın:

„Allahaşkına üstüme varma, ne işinden bahsediyorsun sen. Aylardan beri verdiğimiz emek, böylesi bir çıkış uğruna boşa mı gitsin? O kadar işçiyi tekrar nasıl toplarız? Zaten çoğunun patrondan, onun baskılarından ödü kopuyor. Haksız da değiller hani. Çünkü hareket etmesini bilmezlerse, bir çırpıda harcarlar onları. Sen şimdi bana ahret sorusu gibi soru soracağına, ne yapmamız gerektiğini anlat."

Adam çekti elini kadının omuzundan:

„Haklısın galiba" dedi. „Normal olarak on beş gün sonra seçimler yapılır; iş, on beş gün işçileri, oradaki arkadaşları yalnız bırakmamak. Tabi bir taraftan da sendikanın avukatı ile görüşüp, olayı mahkemeye aktarmak gerekiyor. Konu çok ciddi."

Adam hafif geriye yaslandı, sonra birden kadına dönerek:„Hemen hiç vakit geçirmeden, bu olayı duyuran bir bildiri dağıtmalı; patronun daha fazla işçiyi atmaması için caydırıcı olabilir. Bugün sana ise yarın onlara, korkunun ötesi yok biliyorsun, herşeyden önce soğukkanlı olmak gerekir."

Sabahın beşiydi; rüzgarla karışık yağan yağmura aldırış etmeden, on'a yakın işçi fabrikanın girişini tutmuşlardı bile; gelenlere veriyorlardı bildirilerden. İşçiler de artık onları tanıdığı için, almamazlık etmiyorlardı. Bir taraftan soru soranlara da açıklık getiriyorlardı. Bazıları ise yumruğunu kaldırarak:

„Korkmayın ardınızdayız," diyorlardı. Bayağı cesaretlenmişti kadın. O dünkü moral bozukluğu da yoktu üzerinde. Gece vardiyası için de aynı hızla dağıttılar bildirileri. İşyeri kaynıyordu sanki, herkes birşeyler söylüyordu:

„Bravo vallahi, cesaretli çocuklar."

„Tabi arkadaş, sendika var arkalarında."

„Görün bakın, patron geri alır çıkışını."

„Yazık oldu kadına, çok çalışkandı."

„Şef'i mahkemeye vermiş."

Günler yaklaşmaktaydı. Arkadaşlarıyla kurduğu ilişkilerde tüm işçiler seçimlere ardıcıl katılacaklarını söylemişlerdi. Bu hareketlilik işçileri kendine getirmişti sanki. Şimdi herkes fabrikadaki sorunlarla daha yakından ilgilenmekte, önemli bir durum olduğunda, bir araya gelip çözüm aramaktaydılar. O güne kadar tek tek işçilerin aldığı sendika gazetesi, artık tüm işçilerce kapışılmakta ve büyük dikkatle okunmaktaydı. Kadını en çok sevindiren yan da buydu aslında. Fabrikadaki o miskin hava gitmiş, yerini mücadeleci bir atmosfer almıştı.

İşçiler şimdi bir daha yürkten „Merhaba" diyorlardı sanki birbirlerine.

Kadın pencereye yaklaşarak, perdeyi hafif araladı. Güneş ufukta kararmaya başlamıştı. Gözden iyice yiterken, kocaman bakır tepsi görünümündeydi. Birden mor düştü tepelerin kızılı üstüne. Yeşil mısır tarlalarından toprak kokusu yayılıyordu.

Pencereyi biraz daha araladı; derin bir nefes aldı, güldü sıcak

sıcak.

O gürültülü olaylardan sonra, İşyeri İşçi Temsilciliğine seçildiğinin yıldönümüydü bugün ve bir yıllık aktif sendikacı... Geçen yıla karşın, şimdi çok daha güçlüydüler fabrikada. Mahkemeyi kazanıp, işyerine döndüğünden beri, Şef ve Ustabaşı da iyi geçiniyordu onunla. Hafif çekildi geriye pencereden, evinin bir köşesinde asılı olan, „Haftada 35 saatlik çalışma süresi" afişine ilişti gözü: „Kazanmak" dedi... „Kazanmak güzel şey!" Sonra uzandı perdeye bir eliyle okşar gibi. Kapının zili çalıyordu. Çekti koyulaşmakta olan akşamın üstüne. Mutluydu. Yürüdü, sorunların üstüne yürür gibi, kapıya doğru...

JENSEITS DER ANGST

Sie wischt sich ihre ölverschmierten Hände am benutzten Lappen ab und krempelt ihren linken Ärmel immer wieder hoch. Sie ist nervös. Seit sie in Deutschland lebt, ist dies ihre erste Spätschicht. Die Stille in der Fabrik macht ihr angst. Normal arbeitende Menschen sind jetzt längst zu Hause. Wenn sie auch zur frühen Zeit arbeiten würde, wäre sie nun mit ihrem Mann zusammen, und vielleicht gingen sie im Park spazieren oder ein kühles Bier trinken oder betrachteten den Sonnenuntergang über der Stadt vom Balkon aus. Warum hat sie nur diese Schichtarbeit angenommen? Andererseits hätte eine Ablehnung Arbeitslosigkeit und Geldnot bedeutet. Schließlich ist es die dritte Stelle gewesen, die ihr das Arbeitsamt angeboten hat, und falls sie die wieder abgelehnt hätte, wäre ihr das Arbeitslosengeld gesperrt worden. Überhaupt - drei Monate ohne Arbeit - das reicht. Sie muß wieder arbeiten. Nur - wie soll man das aushalten? Wenn sie abends um zehn Uhr Feierabend hat, kann sie erst um elf Uhr zu Hause sein. Ihr Mann schläft dann sicher. Und wenn nicht, ist es auch egal. Kaum, daß zwei Worte gewechselt sind, ist die Zeit weit vorgeschritten. Er muß früh raus zur Arbeit.

'Wir sind ja verheiratet! Wir führen ja ein Familienleben! Wir leben ja in einem fortschrittlichen Land!' Bei diesen Gedanken lächelt sie bitter.

„Was für ein Fortschritt!" spricht sie zu sich.

Fatma schaut auf: „Was hast du gesagt?"

Sie fährt zusammen: „Ach nichts, nichts."

Sie steckt wieder ein Teil in die Maschine, drückt auf den Knopf, ein grünes Licht leuchtet auf, sie nimmt das Teil heraus und legt es in ein Fach daneben. Ihre Augen sind auf Ausfälle gerichtet. Erstaunlich wenig Fehlteile hat sie heute nacht. Sie hat gute Arbeit geleistet. Der Meister wird morgen kein Gesicht ziehen. Überhaupt - sie gibt ohnehin nichts drauf. Sie weiß nur, daß sie ein paar Monate hart arbeiten muß, weil sie noch keinen Arbeitsvertrag hat. Bis dahin gewöhnt sie sich auch hoffentlich an das Betriebsklima hier. Fatma, die an der Maschine gegenüber arbeitet, richtet sich auf: „Ich bin fertig, Kollegin, 200 Stück hab' ich gemacht. Der

Meister hat zwar 170 Stück verlangt, aber ich habe mehr geschafft."

Mit einer sauberen Handstelle das Haar ordnend sagt Fatma dann: „Was willst du machen, Kollegin, schließlich müssen wir uns das Geld, das wir kriegen, auch verdienen, hab' ich nicht recht?"

Sie lehnt sich im Stuhl zurück und fragt: „Welches Geld?"

„Welches Geld schon? Unseren Lohn natürlich!"

„Wieviel verdienst du im Monat, Fatma?"

„Was? Wer, ich?... Hmm... 900 Mark. Aber ich verdiene auch im Club, wo ich auftrete."

„Nein, ich frage dich nicht nach dem Club", sagt sie etwas barsch.

Fatma schaut sie verständnislos an und fragt:

„Hab' ich was Verkehrtes gesagt, bist du mir böse, Kollegin?"

„Nein Fatma, ich bin nicht böse. Ich hab' nur so dahergeredet. Wie ist die Arbeit im Club?"

„Gut, sehr gut, wir treten gemeinsam dort auf, mein Mann und ich. Er spielt und ich singe."

„Was singt ihr?"

„Von Orhan und Ferdi und so..."

Fatma erzählt weiter, aber sie ist mit ihren Gedanken woanders: '900 Mark', denkt sie. Was sie selbst verdient, weiß sie noch nicht genau. Am Monatsende wird es sich herausstellen. Da sogar Fatma 900 Mark kriegt, so bekommt sie sicher nur 800 Mark. Auch würde sie nie soviel erreichen wie Fatma. Die kommt manchmal eine Stunde früher zur Arbeit, um mehr zu schaffen. 'Bei Siemens war es doch besser. Dort hab' ich 1.200 Mark bekommen. Ach, diese verdammte Maria, wenn die mich nicht angeschwärzt hätte, wär ich von dort doch nicht weggegangen. Und wenn Herr Müller nur gewollt hätte, so hätte er meine Kündigung zurückziehen können.' Sie erinnert sich an den Betriebsrat Mümtaz. 'Ich Blöde, was hab' ich nicht alles unternommen, und wie hab' ich es unterstützt, damit der Mann gewählt wurde. Zum Schluß hat der nicht einmal meine Rechte vertreten. Obendrein hat er mir einen Anwalt empfohlen, mit dem ich beim Arbeitsgericht verloren habe.' Ernüchtert hält sie inne bei dem Gedanken: 'Die Gesetze konnten eine seit sechs Wochen schwangere Frau nicht davor schützen, auf die Straße geworfen zu werden. Der einzige Grund war, den Schwangerschaftsnachweis vier Tage zu spät eingereicht zu haben. In der Türkei stellt man die Verhältnisse in Deutschland ganz anders dar. Niemand nimmt dem anderen angeblich sein

Recht. Jeder bekommt angeblich eine ihm zustehende Arbeit.'
Dabei muß sie an all ihre Landsleute denken, die im kalten Winter
in Baracken hausen. Das Leben hier kommt ihr wie ein Alptraum
vor. In sich gekehrt vergeht die Zeit. Ihr Kopf ist durcheinander
und voller Fragen. Ihr Mann hat viel Geduld und versucht
unermüdlich zu erklären.
„Die Gewerkschaft... der Betriebsrat... die Organisation... die
Partei...", sagt er.
Sie lächelt zwar heute über ihre früheren Illusionen vom 'Es-
Schaffen' auf eigene Faust. Trotzdem ist es nicht leicht, die Pro-
bleme hier in all ihrer Vielfalt zu begreifen. Müde von der Arbeit
und den Gedanken wirkt ihr Gesichtsausdruck erschöpft. Die
Augen sind zusammengekniffen, die Lippen zittern. Plötzlich
gehen die Lichter an. Fatma, mit einem Plastikbeutel in der Hand:
„Was ist, Kollegin, bist du noch nicht fertig? Schau, es ist fünf
Minuten vor zehn Uhr, der Zug fährt 15 Minuten nach."
„Wirklich", sagt sie aufgeregt, „haben wir es schon so spät?"
„Und mir erzählst du immer, ich soll nicht so viel schaffen, aber
heute abend hast du mich eingeholt."
„Das glaub' ich nicht. Mit dir kann ich nicht mithalten."

„Komm, komm, erzähl' nichts, als ob ich nicht sehen kann, die
Fächer sind voll."
Sie steht vom Stuhl auf und schaltet die Maschine ab. Mit einem
Tuch entfernt sie die Staubreste von ihren Kleidern. Sie sortiert die
Ausfälle und geht gemeinsam mit Fatma hinaus. Vor der Tür
begegnen sie dem Pförtner, der sie mit der Taschenlampe an-
leuchtet: „Alles klar, Fatma?"
„Ja, gute Nacht."
„Gute Nacht", verabschieden sie sich.
Das erste, was sie draußen wahrnimmt, ist der Lärm der Stadt mit
der bunten Beleuchtung und den geschmückten Schaufenstern.
Müde läuft sie zum Bahnhof. Beide gehen durch die Unterführung.
Es ist dunkel. Am Ausgang sieht sie den aufgeknackten
Zigarettenautomaten. 'Sicher ist der von arbeitslosen Jugendlichen
aufgebrochen worden', geht es ihr durch den Kopf. Sie hat das
schon oft erlebt. Es sind immer dieselben, die die Telefonzelle vor
ihrer Haustür beschädigen. Fatma, mit einem Fuß die Scherben
beiseite schiebend, sagt:
„Die haben mal wieder alles kaputtgehauen."
„So ist es."

„Das Schlimme ist, daß auch viele türkische Jugendliche unter den Rabauken sind."

„Ja, ich weiß. Diejenigen, die nur die Straße haben, da sie keine Arbeit finden..."

„Ich kenn' einen, der Sohn von der Nazmiye aus Ankara, der auch Automaten knackt. Einmal hat die Polizei ihn sogar geschnappt. Ein Bekannter meines Mannes hat gleich drei solche Rabauken. Ihr Vater sagt: 'Kismet... die kommen weder in der Türkei zurecht... noch werd' ich hier mit ihnen fertig... was soll nur aus ihnen werden... für sie selbst ist das völlig egal...'"

In der Ferne sieht man die Scheinwerfer des Zuges. Sie nimmt aus ihrer Tasche den Fahrschein heraus und steckt ihn in den Entwerter. Genau 22.15 Uhr ist aufgedruckt. 'Hoffentlich schläft er noch nicht', denkt sie an ihren Mann, und in diesem Augenblick sehnt sie sich danach, endlich nach Hause zu kommen. Fatma redet in einem fort, aber sie hört nicht hin. Ohne abzuwarten, bis der einfahrende Zug anhält, springt sie auf und setzt sich auf einen Platz nahe dem Eingang. Gegenüber sitzt eine ältere Frau mit einem Hund auf dem Schoß. Sie grüßt kopfnickend, die Frau erwidert lächelnd. Sie sind bereits einige Male im selben Zug gefahren. Die meisten älteren Deutschen sind stur gegenüber Fremden, aber diese Frau ist nicht so. Der Zug nähert sich ihrer Haltestelle. Sie steht auf und sagt: „Gute Nacht!" zu Fatma.

Die Tür des Zuges öffnet sich, sie steigt aus. Ein weiterer Tag geht für sie zu Ende. Wenn dies das Leben ist, so hat sie einen Tag mehr gelebt. Durch die Unterführung des Ostbahnhofes läuft sie zum Ausgang. Um diese Zeit müßte der Bus 98 an der Haltestelle bereitstehen. Ohne ein unnötiges Warten nach Hause zu kommen, ist ein Gewinn. 'Wenn ich doch schon im Bett sein könnte', denkt sie, 'dann hören vielleicht die Rückenschmerzen auf.' Auch spürt sie wieder die schmerzenden Krampfadern am rechten Bein. Sie macht sich Sorgen darüber. In der Türkei hat sie kaum von dieser Krankheit gehört oder angeschwollene Beine mit hervortretenden, bläulichen Adern gesehen. Vorne ist der Bus zu sehen. 'Gut, daß er pünktlich ist, so werd' ich wohl vor elf Uhr zu Hause sein.' Von den Alpen her bläst kalte Luft durch München. Sie schlägt den Kragen ihres Kaninchenmantels hoch und eilt zum Bus. Von der Odeonstraße fährt er los. Es ist still in dem Bus, in dem fast nur müde Arbeiter sitzen.

Der Mann legt die Mitgliedsscheine vor sich auf den Tisch und lehnt sich im weichen Ledersessel bequem zurück. Die Möbel sind zwar vom Sperrmüll, aber trotzdem gut. 'In der Türkei können viele Leute von solchen Möbeln nur träumen', sinniert er. Einen Farbfernseher kann er sich noch nicht leisten, es ist ihm jedoch auch nicht wichtig. Wenn man tagtäglich harte Arbeit macht und mit einem dicken Kopf nach Hause kommt, fällt selbst das Fernsehen schwer. Wieder nimmt er die Mitgliedsscheine in die Hand und zählt sie auf:

„Sami aus Trabzon, der Tahsin, Şeref aus Uşak, Onkel Hüseyin aus Aydın, Hulusi."

Lächelnd sagt er:

„Tolle Leistung von uns. Sogar den Metzger Ali aus Edirne haben wir zum Gewerkschaftsmitglied gemacht. Was kann uns da noch passieren? Also ich finde, für den Anfang ist das ein Erfolg. Wenn Herr Luis das erfährt, wird er verrückt."

Zu seiner Frau gewandt fährt er fort:

„Der Onkel Hüseyin, der am längsten als Arbeiter dort ist, hat erzählt, daß die Fabrik seit zehn Jahren besteht, und daß in all dieser Zeit die Arbeiter keine Nachtschichtzulage bekommen haben, obwohl es ihnen gesetzlich zusteht. Die Schmutzzulage ist sowieso ein Fremdwort dort. Was die Freizeit anbetrifft, der Hulusi aus Denizli, der dort seit sechs Jahren arbeitet und 45 Jahre alt ist, bekommt 17 Tage Urlaub. Manch andere wiederrum, die die gleiche Arbeit machen, bekommen 28 Tage im Jahr. Naja, wo ein böser Geist ist, ist auch der Teufel los. Wieso sind eigentlich diese Menschen bis jetzt noch niemals selbst darauf gekommen zu fragen, warum das alles so ist?"

Die Frau schaut vom Buch auf:

„Ich meine, du denkst falsch. Glaubst du wirklich, daß keiner etwas gesagt und sich beschwert hat? Aber was sollen die Leute machen, wenn ihnen als einzelne der Mut fehlt und sie schließlich aufgeben, weil niemand ihnen einen Ausweg zeigt. Schau, die Mössner-Fabrik, wo ich arbeite, ist schon älter als zehn Jahre. Es gibt dort keinen Betriebsrat, ganz zu schweigen von einer Gewerkschaftsvertretung. Wie also sollen die Arbeiter ihre Rechte bekommen? Wer soll sie unterstützen, ihre Probleme zu lösen? Gestern hat mir Emine Abla aus Adana von ihren Schwierigkeiten erzählt. Sie sind eine fünfköpfige Familie und arbeiten seit vier Jahren in der Fabrik. Mit den Löhnen, die sie zu viert verdienen, kommen sie gerade über die Runden. Sie ist zum Chef gegangen, um für ihre jüngste Tochter eine Lohnerhöhung von fünfzig Pfennig zu verlangen. Daß der Chef die Frau nicht geschlagen hat, fehlte nur. Sie mußte sich sagen lassen: 'Wenn es euch nicht paßt, könnt ihr ja gehen. Draußen gibt es genug Arbeitslose, die froh wären, einen Arbeitsplatz zu bekommen!' Der Frau hat es die Sprache verschlagen. Ohne noch ein Wort zu sagen, ging sie weg. Sag' also, was zum Beispiel kann diese arme Frau tun? Wie gut verstehen es die Unternehmer doch, die Arbeitslosen zu benutzen, um die Arbeiter gegeneinander auszuspielen und unter Druck zu setzen. Ich bin jetzt vier Monate bei Mössner. Obwohl meine Probezeit seit einem Monat abgelaufen ist, kümmert sich niemand darum, ob mein Lohn erhöht wird oder nicht. Heute morgen hab' ich es dem Meister gesagt. Der hat sich nur lustig darüber gemacht und meinte: 'Du bist aber ungeduldig!' Schlimm ist außerdem, daß es in keiner Abteilung für uns Unfallschutz gibt. Letztes Jahr ist der Stefan mit seiner Hand in die Schneidemaschine geraten und hat dabei seine Finger verloren. Rate, was dann passierte? Man hat ihm bescheinigt, aus eigener Achtlosigkeit selbst schuld am Unfall gewesen zu sein. Damit war der Fall erledigt. Er konnte jammern wie er wollte, wenn er wenigstens Gewerkschaftsmitglied gewesen wäre, hätte er vielleicht eine Abfindung bekommen. So ist der Arme völlig leer ausgegangen."

Während die Frau spricht, zählt der Mann wieder die Mitgliedsscheine:

„15 von 19 Arbeitern", sagt er, „sind jetzt Gewerkschaftsmitglieder. Dem Herrn Leistner müßte es eigentlich im Ohr rauschen. Gleich morgen gehe ich zur Gewerkschaft und gebe die Scheine ab. Und hinterher führen wir Wahlen durch. Dann soll uns einer mal wieder dumm kommen und sich wagen zu sagen: 'Wenn ich will, schmeiße ich euch raus!' Übrigens, du sprichst von Zuständen, die man überall dort erlebt, wo Menschen sich nicht wehren. Ihre Ahnungslosigkeit wird ausgenutzt. Trotzdem, die Menschen müssen sich auch selbst zu etwas zwingen. Schließlich kann man uns nicht überall an der Hand führen."

Die Frau schaut mit fragendem Blick vom Buch auf:

„Mir hältst du dauernd Vorträge, daß ich Bücher lesen und mich bilden soll, aber du selbst bist ein Träumer. Also, deine Voreiligkeit und Ungeduld solltest du endlich aufgeben. Du willst alles sofort erledigt haben. Aber wie und womit. Den ganzen Abend hast du 15 mal die 15 Scheine gezählt, so als zweifeltest du daran, ob auch alle richtig überzeugt davon sind. Wie sollen wir jemals zum Ziel kommen? Bei uns sind 300 Arbeiter angestellt, davon sind 250 Ausländer. Die meisten kommen vom Lande, fast alle wurden zum ersten Mal Arbeiter in Deutschland. Ich will damit sagen, daß dies eine Voraussetzung sein müßte, für diese Leute Verständnis zu haben. Ohne Überdruß muß immer wieder erklärt werden, bis aus den eigenen Erfahrungen heraus Überzeugung entsteht. Mit leeren Phrasen ist das nicht zu machen."

Ihr Mann hebt mit einer Drohgebärde die Hand und sagt scherzhaft lächelnd: „Jetzt reicht es aber, ja! Heut' abend hast du's mir aber ganz schön gegeben.. Ich fang' noch an, dich als etwas Besonderes anzusehen."

Die Frau antwortet, mit dem Buch auf ihren Mann zeigend: „Du hast einen großen Anteil daran, daß ich die Situation besser durchschaue. Zumindest hast du mir beigebracht, das Lesen zu lieben und mich nicht nur als eine Frau zu betrachten, die Kinder gebärt, im Haus putzt und wäscht..."

Der Mann steht auf, zündet sich eine Zigarette an, zieht tief ein und bläst den Rauch ins Licht.

„Du hast recht, mein Liebling, scheinbar gehe ich zu emotional an die Sache heran. Aber was soll ich machen? Ich kann es einfach nicht ertragen, wenn tagtäglich so viele Menschen auf die Straße gesetzt werden, so viele Kinder ohne Zukunft dastehen. Ich weiß, alles braucht seine Zeit... aber, vor allem ist eine breit angelegte Gewerkschaftsarbeit notwendig", sagt er nachdenklich.

Die Frau klappt das Buch zu, geht zu ihrem Mann und umarmt ihn. Sie ist glücklich über das gegenseitige Vertrauen und die gemeinsame Kampfentschlossenheit.

„Wettest du mit mir? Hör' zu, wo ich arbeite, das ist keine Fabrik mit 29 Arbeitern, es sind genau 300 Arbeiter, und wir haben keinen Betriebsrat, keine gewerkschaftliche Vertretung. Wir haben alle dieselben Probleme. Also, laß' uns ein Ziel vornehmen und ausprobieren, wer als erster von uns Wahlen durchsetzt und gegen den Widerstand des Arbeitgebers einen Betriebsrat durchsetzt und die Gewerkschaft einführt."

„Dabei ist aber ein Risiko, nämlich rausgeworfen zu werden und den Arbeitsplatz zu verlieren", entgegnet der Mann. Darauf erwidert die Frau lebhaft: „Für wen hältst du mich, du Schaf? Wenn ich Bequemlichkeit liebte, hätte ich bis jetzt nicht zwei, drei Fabriken gewechselt, sondern mich stillverhalten und zu allem 'Ja' gesagt!" „Mißversteh' mich nicht", antwortet der Mann, „was ich sagen will ist, daß dies kein Spiel ist..."

Als sie sich auf den Weg gemacht hat, hat es ein wenig geregnet. Jetzt aber gießt es in Strömen. Sie ist mit dem Fahrrad unterwegs, und trotz des Regenmantels wird sie durch und durch naß. Die Steigung macht ihr ebenfalls zu schaffen, so daß sie obendrein ins Schwitzen kommt. Sie muß sich beeilen, weil sie ihren Kollegen versprochen hat, rechtzeitig auf der Betriebsversammlung zu sein, die nun zum zweiten Mal stattfindet, seit die Arbeiter Gewerkschaftsmitglieder sind. Heute soll der Wahlausschuß für die Betriebsratswahlen gewählt werden. Die Versammlung findet statt in einem Lokal nahe der Fabrik. Daran nehmen auch Arbeitgebervertreter teil. An der Kreuzung zur Otto-Brenner-Straße hält sie an und wartet die vorbeifahrenden Autos ab, steigt dann wieder auf und fährt weiter. Sie fühlt sich nicht wohl. Einerseits freut sie sich, andererseits ist sie unruhig. Die Wette ist so gut wie verloren. In der Fabrik, in der ihr Mann arbeitet, haben längst Wahlen stattgefunden. Außerdem wurde erreicht, dem Arbeitgeber Stück für Stück Nachtschicht- und Schmutzzulage abzuverlangen, und ihr Mann wurde in den Betriebsrat gewählt. Innerlich macht sie sich Mut: 'Du schaffst es schon.' Bald ist sie da. Als sie am Lokal ankommt, trifft sie vor der Tür den Gewerkschaftler mit dem Dolmetscher. Sie stellt ihr Fahrrad ab, geht auf beide zu, händeschüttelnd begrüßen sie sich und gehen gemeinsam hinein. Sie ist erstaunt. Der Saal ist voll. Es sind mehr Abteilungsleiter, Meister und Angestellte als Arbeiter anwesend. Auch wenn der Chef bereits darüber informiert ist, daß sie mit alldem zu tun hat, wird er jetzt, wo er sie mit den Gewerkschaftskollegen kommen sieht, erst recht wütend sein. Als sie eintreten, klatschen die Arbeiter im Saal, die übrigen wenden sich demonstrativ ab.

Nach anfänglichem Durcheinander nimmt schließlich jeder seinen Platz ein. Der Gewerkschaftssekretär von der Ortsverwaltung hält nach der Begrüßung eine Rede:

„Ich bin der Meinung, die immer stärker anwachsende Gewerkschaftsbewegung in unserem Land mit ihrer systematischen Fortentwicklung wird sowohl die Arbeitnehmer als auch die Arbeitgeber freuen, denn das ist zur Sicherung des Arbeitsfriedens notwendig. Daß aber bis heute in dieser Fabrik keinerlei gewerkschaftliche Betätigung und Betriebsratsarbeit stattgefunden hat, ist eine große Lücke. Aufgrund von Aktivitäten einiger Kollegen sowie erfolgreicher Gewerkschaftsinitiative haben wir nun die Möglichkeit, in diesem Betrieb Betriebsratswahlen durchzuführen. Das gesetzliche Recht der Arbeitnehmer, hierfür einen Wahlausschuß zu wählen, werden wir jetzt zusammen durch die Stimmabgabe wahrnehmen. Wir als Gewerkschaft schlagen Kollegin Serden und einige andere Kollegen als Kandidaten vor. Gleichzeitig ist Kollegin Serden wegen ihrer guten Gewerkschaftsarbeit von uns als Vertrauensfrau in diesem Betrieb benannt worden."

Im Saal wird es unruhig, beifallklatschende Befürworter und protestierende Gegner mischen sich ineinander, manche rufen: „Herzlichen Glückwunsch... bravo...", und der Meister der Abteilung sagt winkend: „Ich bitte um's Wort!"

„Das geht nicht, die Frau kann nicht in den Wahlausschuß, weil es gesetzlich unzulässig ist!"

„Wieso?" fragt der Gewerkschafter. Der Meister fährt fort: „Die Frau ist nämlich entlassen."

„Das stimmt nicht!" ruft sie, „mir ist nichts mitgeteilt worden!" Der Gewerkschafter erhebt daraufhin seine Stimme.

„Moment mal, die Kündigung ist der Kollegin nicht zugekommen, was ist das für eine Art und Weise? Außerdem, wenn die Kollegin heute bei dieser Abstimmung gewählt wird, so kann ihr sechs Monate nicht gekündigt werden."

Es bricht begeistertes Klatschen bei den Arbeitern aus. Der Arbeiter Salim aus Afyon, der sich in die Nähe des Meisters gesetzt hat und bekannt dafür ist, die Kollegen anzuschwärzen, weil er sich dadurch ein paar Groschen mehr erhofft, ruft in die Turbulenz hinein:

„Wir wollen keine Frau im Betriebsrat haben! Wo kommen wir denn hin, wenn wir unsere Probleme einer Frau überlassen?"

Der Gewerkschafter kontert: „Wenn du ein Mann bist, dann komm, wählen wir dich!" Im Saal wird gelacht.

Die Abstimmung ist nach einer Stunde entschieden. Alle Kandidaten der Gewerkschaft sind gewählt. Sie ist erleichtert. Die Versammlung ist zu Ende und der Saal leert sich. Draußen hat es aufgehört zu regnen. In diesem Augenblick fühlt sie sich entspannt und glücklich. Am liebsten würde sie in die Luft springen vor Freude. Sie schaut hoch in den blau gewordenen Himmel, atmet die nasse Mailuft tief ein und gleitet mit dem Fahrrad wie von selbst über die Straße. 'Die erste Runde ist geschafft', denkt sie, 'er wird Augen machen, wenn ich ihm alles erzähle. Ach, wären die Betriebsratswahlen doch schon vorbei und würden auch so gut verlaufen!' Der Wind wirbelt sanft ihr Haar. Ein Lied pfeifend fährt sie nach Hause.

Die Versammlung geht ihr nicht aus dem Kopf. Sie hört jetzt den Gewerkschafter sagen:

„Zeig', was du kannst, Kollegin!" Dabei tritt sie energisch in die Pedale und wiederholt: „Ja, zeig' dich, Mädchen!" Lauter pfeifend radelt sie drauflos. Die Maisonne trocknet die Regentropfen. Vom Asphalt steigt schwerfällig der Dunst.

Fatmas Gesicht ist brummig. Sie sitzen sich an den Maschinen gegenüber, und es ist nicht zu vermeiden, sich anzusehen. Fatma scheut die Blicke. An den Wahlen gestern hat Fatma nicht teilgenommen, hat überhaupt kein Interesse daran, was dabei herausgekommen ist. Sie hat die ganze Zeit ein ungutes Gefühl, ohne zu wissen warum und ist deshalb unkonzentriert bei der Arbeit. Nach einer Weile nähert sich ihr der Meister und auf sie zeigend sagt er: „Sie werden im Büro verlangt."

Sie schaltet die Maschine aus, wischt sich die Hände ab und geht aus der Halle. Als sie das Büro betritt, sind dort der Chef, der Meister und eine Sekretärin anwesend. Die Sekretärin reicht ihr ein Schreiben zur Unterschrift. Sie fragt:

„Was ist das?"

Die Sekretärin klärt sie ohne Anteilnahme auf:

„Die fristlose Kündigung."

„Was bedeutet das?"

„Was schon? Daß sie entlassen sind."

„Heißt das, daß ich vor die Tür gesetzt werde?"

Der Chef gibt ihr sachlich unterkühlt die Antwort:

„Sogar mit der Auflage, bis um zehn Uhr den Arbeitsplatz zu räumen."

Sie ist fassungslos, kneift die Augen zusammen und sagt laut:

„Das wird Ihnen nichts nützen, verehrter Herr. Auch wenn es ihnen gelingen sollte, mich loszuwerden, die Wahlen, den Betriebsrat und den Einfluß der Gewerkschaft in dieser Fabrik können sie nicht mehr rückgängig machen, weil wir es nicht erlauben werden, vergessen Sie das nicht. Und jetzt bitte ich um die Begründung für die Entlassung."

„Wegen Anstiftung der Belegschaft zur Störung des Arbeitsfriedens im Betrieb."

Lächelnd erwidert sie dem Meister, der sich in das Gespräch eingemischt hat: „Vielen Dank, das genügt!" und geht halb rückwärts hinaus. Danach geht sie zum Telefon, ruft die Gewerkschaft an und macht eine Mitteilung. Sie bekommt den Rat, die Fabrik zu verlassen und die Angelegenheit dem Arbeitsgericht zu übergeben. Im Moment ist sie mutlos. Ihre Schultern hängen schwer herunter und scheinen den Körper zu erdrücken. 'Was soll nun werden? Soll alles umsonst gewesen sein? Was ist, wenn die Kollegen von ihrer Entlassung erfahren und daraufhin ihre Kandidatur zurückziehen? Was soll sie dann machen? Man kann doch nicht alles stehen und liegen lassen.'

Als sie von der Fabrik nach Hause kommt, ist ihr Mann da.

„Was ist denn mit Dir, bist du auch krank. Ich war schon beim Arzt heute und habe mir ein Attest geben lassen."

„Nein, ich bin entlassen, sogar fristlos und sofort!"

„Bist du deshalb traurig oder...", fragt er und legt seinen Arm um ihre Schultern.

Wütend platzt es aus ihr heraus:

„Also, laß mich bloß damit in Ruhe. Wovon redest du überhaupt? Soll denn unsere monatelange Mühe mit einer Kündigung zu Ende sein? Gerade jetzt müßte die Belegschaft zusammenhalten. Natürlich, die meisten haben Angst und mit Recht, aber wenn wir jetzt zurückstecken, haben wir schon verloren. Statt mir sinnlose Fragen zu stellen, sag' mir lieber, was ich jetzt tun kann."

Er läßt sie los und überlegt laut:

„Normalerweise müssen in fünfzehn Tagen die Wahlen stattfinden. Wichtig ist deshalb, während dieser Zeit die Kollegen nicht allein zu lassen. Nebenbei muß auch mit einem Rechtssekretär der Gewerkschaft über deinen Fall gesprochen werden. Das ist eine sehr ernste Lage."

Er lehnt sich zurück, hebt den Kopf und blickt zur Decke. Dann dreht er sich spontan zu ihr und sagt:

„Ich hab's! Wir müssen schnellstens ein Flugblatt vorbereiten, eins, das über die Hintergründe deiner Entlassung informiert, nach dem Motto: heute ich, morgen du."

Es ist morgens fünf Uhr.

Sie beachtet den stürmischen Regen nicht. Mit ihr haben sich zehn Arbeiter an die Fabriktore gestellt und verteilen Flugblätter. Jeder der vorbeikommt, nimmt sich ein Flugblatt, keiner weist es zurück, da die Arbeiter sich kennen. Manche stellen Fragen und dann wird

diskutiert. Andere erheben die Faust und kommentieren:
„Nur Mut, habt keine Angst, wir stärken euch den Rücken!"
Ihr Selbstvertrauen kehrt wieder zurück.
Die Niedergeschlagenheit von gestern ist wie weggeblasen. Für die
Nachtschichtkollegen haben sie bereits Flugblätter verteilt. Der
Betrieb scheint wie aufgewühlt. Alle reden nur über das eine:
„Alle Achtung, die wissen wo's lang geht!"
„Ist doch klar, Kollege, die Gewerkschaft steht hinter ihnen."
„Ihr werdet es sehen, der Chef wird die Kündigung zurückziehen
müssen."
„Schade um die Frau, die war sehr fleißig."
„Mensch, die hat doch tatsächlich den Chef angezeigt."
Der Tag rückt immer näher. Durch ihren Kontakt mit den Kolle-
gen haben sich alle Arbeiter bereit erklärt, ohne Ausnahme an den
Wahlen teilzunehmen. Es ist so, als ob ihr Handeln die Arbeiter zu
Bewußtsein gebracht hätte. Alle interessieren sich mehr für die
Probleme in der Fabrik. Wenn eine wichtige Angelegenheit an-
steht, setzen sie sich zusammen und suchen gemeinsam nach einer
Lösung. Die Gewerkschaftszeitung, die vorher nur von wenigen
gelesen wurde, reißen sich die Arbeiter regelrecht aus der Hand
und lesen sie mit großer Aufmerksamkeit. Darüber freut sie sich
am meisten - und auch, daß anstelle der hoffnungslosen Stimmung
heute eine lebendige und kämpferische Atmosphäre im Betrieb
eingekehrt ist. Man spürt, daß sich der Umgang der Arbeiter
untereinander verbessert hat.
Sie geht zum Fenster und schiebt die Gardine halb zur Seite. Die
Sonne am Horizont sieht mit ihren letzten Strahlen aus wie ein
riesiges Kupfertablett. Der rötliche Himmel verfärbt sich allmäh-
lich violett. Von den grünen Maisfeldern steigt Erdgeruch auf. Sie
öffnet das Fenster noch einen Spalt. Der Raum füllt sich mit der
Abendluft des Frühlingsgeruchs. Sie atmet tief ein und lächelt
zufrieden. Nach all der hektischen Zeit ist heute der erste Jahrestag
ihrer Wahl zum Betriebsrat und als aktive Gewerkschafterin.
Nachdem sie den Prozess vor dem Arbeits-gericht gewonnen hat,
ist sie auf ihren Arbeitsplatz zurückgekehrt, und der Chef und der
Meister kommen jetzt gut mit ihr aus. Sie tritt vom Fenster zurück.
Im Raum fällt ihr Blick auf das Plakat zur 35-Stunden-Woche.
„Siegen!" sagt sie, „siegen ist schön", und streckt die Hand danach
aus, als wolle sie es streicheln.
Es klingelt an der Tür. Sie zieht die Gardine vor den dunkel ge-

wordenen Abend. Sie ist glücklich. Mit festen Schritten, so wie auf ein Problem zugehend, läuft sie zur Tür.

MOLLA DEMİREL

BIOGRAPHIE

Geboren 1948
in Akçadağ/Malatya

Studium der Literaturwissen-
schaften an der pädagogischen
Hochschule.
Lebt seit 1972 in der Bundesre-
publik Deutschland in Münster

Einige Jahre Tätigkeit als Arbeiter
in einer Chemiefabrik

Belegung des Studienzweiges
„Sozialarbeit mit Ausländern"

Zur Zeit tätig als Medien-
pädagoge und Sozialarbeiter im
Bürgerfunk „Radio Kaktus"
in Bottrop

Schreibt in Türkisch

Mitglied im Literaturkreis
Türkischer Schriftsteller in NRW

ÖZGEÇMİŞ

1948'de Malatya'nın Akçadağ
ilçesinde doğdu

Eğitim Enstitüsü Edebiyat
bölümünde öğrenim gördü

1972 yılından beri Federal
Almanya'nın Münster kentinde
yaşıyor

Belli süre bir kimya
fabrikasında çalıştıktan sonra,
Meslek Yüksek Okulu'nda
„Yabancılar için danışmanlık"
eğitimi gördü

Halen, Bottrop'da „Radyo
Kaktüs"de Yayın Pedegogu ve
Sosyal İşler Uzmanı olarak
çalışıyor

Türkçe yazıyor

Kuzey Ren Vestfalya Türkiyeli
Yazarlar Çalışma Grubu üyesi

BIBLIOGRAPHIE

Zwischen den Mühlsteinen
Gedichte Deutsch/Türkisch
Ortadoğu Verlag
Oberhausen 1987

Bir Uzak Yerden geldim
Gedichte
Memleket Publikationen
Ankara 1989

Sevdanın Rengi
Gedichte
Evrensel Kültür Publikationen
İstanbul 1993

Günün Gülüşü
Gedichte
Kedi Lyrik -Bibliothek
Antalya 1994

YAPITLARI

Dünyam iki Değirmen Taşı
Şiirler
Türkçe/Almanca
Ortadoğu Yayınevi
Oberhausen 1987

Bir Uzak Yerden Geldim
Şiirler
Memleket Yayınları
Ankara 1989

Sevdanın Rengi
Şiirler
Evrensel Kültür Yayınları
İstanbul 1993

Günün Gülüşü
Şiirler
Kedi Şiir Kitaplığı
Antalya 1994

SÖYLE GÜLÜM

Söyle gülüm
Söyle meleğim
Neden şu kuşlar
Şu çiçekler gibi
Kardeşçesine yaşamaz insan?

Söyle yavrum
Neden koymaz
Terazinin kefesine yüreğini
Barıştan mı savaştan mı
Sevgiden mi nefretten mi
Neden yana insan?

Söyle gülüm
Sevgiye, barışa tutkun
Benim yüreğim
Ya suda balığı
Havada kuşu
Toprakta tohumu
Bu nazlı çiçekleri
Yok eden insan yüreği
Kimden yana
Barıştan mı savaştan mı?

Söyle meleğim
Neden
Şu karıncalar kadar çalışkan
Bu arılar gibi kardeşçe
Dünyamızın tek kovanında
Yaşamaz insan?

SAG, MEINE ROSE

Sag, meine Rose
mein Engel
warum leben die Menschen nicht
geschwisterlich zusammen
wie die Vögel
und die Blumen

Sag, mein Kleines
warum legen sie nicht
ihre Herzen auf die Waage
wo stehen sie:
auf der Seite des Friedens
der des Krieges
der Liebe oder des Hasses

Sag, meine Rose
mein Herz, das der Liebe ergeben
dem Frieden dient
auf welcher Seite stehen sie
die die Fische im Wasser vernichten
die Vögel in der Luft
den Samen in der Erde
und die wunderbaren Blumen

Sag, mein Engel
warum leben die Menschen nicht
fleißig wie die Ameisen
brüderlich wie die Bienen
in diesem großen Bienenkorb der Erde

108

ÖLÜM BİLE EĞLENCE

Seni görünce
Bahar olur
Çiçek açar yüreğimde

Yazıya durunca
Resmin yansır kağıtlara
Ter yürür her yanıma

Oysa yeşilden sarıya yürümüş
Bir yaprak görünce
Ayrılık acısı iner yüreğime

Senin için yola çıkınca
Yorgunluk ne ki
Ölüm bile eğlence.

SELBST DER TOD IST EIN VERGNÜGEN

Sehe ich dich
erstrahlt der Frühling
erblühen Blumen in meiner Brust

Und will ich schreiben
erscheint dein Bild auf dem Papier
treibt mir den Schweiß auf die Stirn

Sehe ich ein Blatt
das sich verfärbt von Grün nach Gelb
legt sich der Schmerz der Trennung auf mein Herz

Und mache mich auf den Weg zu dir
was ist da schon die Müdigkeit
Selbst der Tod wäre ein Vergnügen
dann

PERİ MASALI

Pamukkale'nin şifa dağıtan
Suları gibi
Yumuşacık dudaklarından
Akan bir peri masalı

Bir yanımda yeşil ovalar
Öbür yanımda sarp dağlar
Gelince göz göze
Bakışları güneşten sıcak
Bir güvercin
Kanatlarıma alıp bir kartal gibi
Yıldızlara akmak istiyorum

Özgürce dağların tepesinde
Dinlemek istiyorum
Gök tanrıçasının dilinden
Bin bir gece masallarını

Bir yanım denizde çalkalanan dalga
Bir yanım yeşil ormanlarla kaplı
Dün orman ve kitap yakılıyordu dostlar
Bugün insan
Yok oldu sevda tanrıçasının dilinde
Bin bir gece masalları

Oysa ben o peri masalını
Dinlemek istiyorum
Sevda dağıtan tanrıçanın dilinden

FEENMÄRCHEN

Wie das
heilende Wasser von Pamukkale
fließt ein Feenmärchen weich
von deinen Lippen

Schauen grüne Täler
auf meiner Seite
und steile Berge auf der anderen
sich gegenseitig an
auf meine Flügel möcht' ich eine Taube nehmen
mit Blicken heißer als die Sonne
und wie der Adler zu den Sternen gleiten

Auf den Gipfeln der Berge
möchte ich in Freiheit lauschen
den Märchen aus Tausend und einer Nacht
aus dem Munde der Himmelsgöttin

Hören will ich
das Feenmärchen
aus dem Munde der Göttin
die die Liebe verstrahlt

Auf meiner Seite wogen Wellen im Meer
grünende Wälder auf der anderen
Freunde!
Wälder und Bücher wurden gestern verbrannt
und heute die Menschen
und auf den Lippen der Himmelsgöttin
erstarben die Märchen

KAHVE VE DAZLAKLAR

Gülmek kolay mı? Kadın olacaksın, üstelik de müslüman bir göçmenin karısı olacaksın. Gönlünden coşkuyla akan mutluluğun bir gülücüğü yanağında açacak. Bu Loto'da altıyı bulma gibi bir iştir, dedi Emine. O gülmek, eğlenmek istiyordu. Oysa sıkıntı yapışmış yakasına, bırakmıyordu; yüreğindeki sıkıntı her geçen gün büyüyordu. Evdeki yaşam biçimi ne renkli TV'den gördüklerine uyuyordu, ne de bu gelişmiş ülkede yaşayan milyonlarca insanın yaşamına. Bunlar yetmiyormuş gibi bir de her gün dazlakların saldırıları ve yaktıkları evlerle ilgili öyküler anlatılıyordu. Kadınların, basının, radyo ve TV'nin başka anlatacak bir şeyleri yoktu sanki. Kaç yıldır Laz Ahmetle birlikte yaşıyordu Emine? Bunu düşündü. Bir türlü anımsayamadı.

„Konuşulmayan bir olay unutulmaz mı" sözleri yavaşça süzüldü dudaklarından. Ne ediyordu da Ahmet yaşamlarındaki böyle önemli bir günü hiç konuşmuyorlardı.

„Ne edecek? İnsan gençken evliliği bir bok sanıyor. Zaman geçince evlendiğine bin pişman oluyor. Hele şu kahveler varken, kaç kadın mutlu oluyor? Onu yaratanın iki gözü çıksın!" dedi. Gözlerine bulutlar yüklendi. Elindeki fırçayı yere fırlattı.

Her iş günü Laz Ahmet sabahın köründe yatağından fırladığı gibi çantasını kapar, fabrikanın yolunu tutar. Emine onun ardından bakar, hafifçe „Allah kollarına kuvvet versin ve seni çocuklarımıza bağışlasın" sözcükleri, bir telesekretere işlenmiş sözcükler gibi dudaklarından akardı.

Bu sabah da aynı şeyi yaptı. Yirmi beş yıldır kirini pisini temizlediği, yemeğini pişirip, yatağını hazırladığı kocasından bir defacık da olsa „Eline sağlık ve şimdilik hoşça kal" sözünü duymadığını anımsadı. İçlendi. Gözlerindeki yağmur bulutları durdu.

„Boşuna dememişler ya 'Çocuklarının babası da olsa el oğlu' sözleri göz yaşlarına karıştı. Nedense bu gün Emine'nin içindeki sıkıntı çekilmez hale geldi. Kocasının paydos saatini iple çekiyordu. Bir an önce eve varmalıydı. Akşam yemeğinden önce onu evede görmek isteğinin önüne geçemiyordu.

Belki de bu, Almanya'da bir kasırga gibi esen yabancı düşmanlığı ile birlikte, Emine'nin içindeki korkuyu da artırıyordu. Bu korku onu önüne katmış sürüklüyordu. Ama o bunun ayrımında değildi. „Adam işten çıkınca evine gelse! Eve saldırır ve ateşe verirlerse, bari yavrularımızı korur. Nede olsa erkektir" diyordu sıkça son günlerde.

„Babamız kahve hastası çocuklar. Ne yapsak da, onu oradan koparsak?" diyecek olur, peşinden de „olamaz, babalarını kötülemeye hakkım yok." düşüncesi gelir bir çivi gibi yerleşirdi Emine'nin beynine.

Bugün her şey daha farklı gelişiyordu. İçindeki sıkıntının önüne geçemiyordu. Ellleri, çocuklarına bir akşam yemeği bile hazırlamaya varmıyordu. Deli keçi gibi dolanıyor, bir odadan çıkıp öbür odaya giriyordu.

Ahmet, her günkü alışkanlığı ile iş yerinden çıkınca doğru kahveye varmış ve orada arakadaşlarıyla oyununa çoktan oturmuştu. Yenilen, orada oturan herkesin çayını ödeyecekti.

Emine'nin gözlerinin önünden, son günlerde TV'de gösterilen Mölln ve Hattingen olayları geçti.

Dazlakların asker gibi rap rap yürüyüşleri, gençlerin karşılıklı bir birlerine saldırısı, çığlıklar, ateşe verilen evler, yükselen alevler, dazlaklar, dazlaklar... Geldi telefonun önüne çöktü. Elini telefona uzattı.

Ezbere bildiği tek telefon numarası kahveninkiydi. Titreyen parmaklarıyla çevirdi. Ahizeyi alan Garsona: „ Laz Ahmed'i verin „ dedi ağlayan bir sesle.

„Laz, seni arıyorlar, telefon...." diye yükselen genç garsonun sesini ahizede duydu.

„Benim, Ahmet! Caddede dazlaklar kol geziyor. Korkuyoruz, çabuk eve gel."

„Korkacak ne var kız. Oyunumuzun son eli. Bitince hemen varıyorum" dedi. Emine'nin konuşmasına fırsat vermeden ahizeyi kapattı. Emine saçlarını parmaklarına doladı. Ağzına götürdü ve sakız gibi çiğnedi. Saniyeler, aylar ve yıllar gibi ağır akıyordu. Oturma odasındaki koltuğa kendisini bir çuval gibi bıraktı. Gene gözlerinin önünde dazlaklar, rap rap yürüyüşleri... Kalktı o tek bildiği telefon numarasını yeniden çevirdi.

„İslam Derneği - Çayevi" sözünü doyunca: „Dazlaklar mahalleyi sardı. Laz Ahmed'e söyleyin bize yetişsin" tümcesini kurulmuş bir saat gibi aktardı. Bu sözlerin ardından bütün vucuduna soğuk bir ter yürüdü. Su içinde kaldı. Ahize eline yapışmıştı sanki, bırakamıyordu.

Genç garsonun sesini duydu:

„Hey duydunuz mu? Dazlaklar Bodenbrock'u ateşe veriyormuş!'

Garsonun bağırmasıyla masadan başını ilk kaldıran Ömer oldu. Tek başına oturuyordu. O an kafasında intihar etmeyi planlıyordu. Gözlerini duvarda asılı bulunan Türk bayrağına dikmişti. „Bütün umutlarım baharda don vurmuş çiçekler gibi döküldü. Kaç yıldır her gün onlarca kapıya varıyorum. Büyük umutlarla çaldığım her kapı yüzüme kapanıyor. Emeğimi satacağım, karşılığında kazanacağım bir ekmek parası. Kısmetim kapanmış. Yok Allahım yok. Bu dünyada kısmetimiz kesilmiş. Çalıştığım, para kazandığım o günlerde, ne kadar çok dostum vardı. Akrabalarımın yanında ne kadar değerliydim.

İşsiz kalınca gün be gün hepsini yetirdim. Nasreddin Hoca boşuna 'Ye kürküm ye' dememiş. Ya senin temsil ettiğin ülke, bayrak. Senin uğruna her an kan dökmeye ve canımı vermeye hazırdım. O nedenle seve seve iki yıl askerlik yapmıştım. Bize bir türlü bir ekmek kapısı açmadın. Bu yabancı memleketin adamları hakaret ediyor. Kovalıyor da sahip çıktığın yok. 'Aman gelmeyin, nasıl yaşarsanız yaşayın. Yeterki oradan döviz yollayın' anlayışı içinde ülkemizi elinde bulunduranlar. En iyisi sana sarılacağım. Üstüme 115 bir litre benzin dökeceğim. çakmağımı çakacağım ve son kez sigaramdan bir nefes çekeceğim. Belki bu olay dünya alemin dikkattini çeker. Ben kül olacağım, ama belki benim gibi acılar içinden kıvrananlara bir kapı açılır...“

Ömerin bu düşüncelerini burada garsonun yüksek sesi kesti. Ayağa fırladı. Bağırdı:

„Erkek olan, müslüman olan, damarlarında birazcık Türk kanı olan benimle gelsin! Yetmiyor mu bunların yaptığı, artık yetmiyor mu?“ Orada bulunanlar ellerindeki oyun kağıtlarını masaya fırlattılar. Tavlaların kapanış sesi, birer dinamit gibi ard arda patladı. Hepsi ayaklandı. Herkes üstünde oturduğu sandalyeyi ayağı altına aldı ve bir bacağını kopardı. Kahveci bu ani olay karşısında nasıl davranacağına karar veremedi. İçinden garsonuna binlerce küfür yağdırdı, ama dışa da vuramadı.

Arabalara koştular. Otomobili olmayanlar, arkadaşlarına „Allaha şükür ben de müslümanım. Ben de Türküm!“ Bir kaç dakika içinde 20 araba kırmızı ışıkları geçerek birbirini izledi. Peşlerine polis arabası düştü. Hasan, polis engelini aşmak için kenara çekildi. Yanına varan polis memuru: „Ne oluyor size, bütün trafiği alt üst ettiniz. Verin sürücü belgenizi!" dedi.

Hasan sakince yanıtladı:

„Daha ne olmasını bekliyorsunuz? Dazlaklar Bodenbrock'u basmış. Mahalleyi yağmalıyorlarmış! Siz yuvalarını korumaya giden insanların peşine düşeceğinize, dazlakları durdurmak için çaba gösterseniz ya!" dedi. Bu sözlerin ardından arabasını gazladı. Polis memuru şaşırdı. Merkeze haber verdi. Polis, bir kaç minibus dolusu memurla, onlarla aynı anda Bodenbrock'e vardı.

Oraya varanlar birbirlerine sormaya başladılar. „Dazlaklar nerede, hangi yöne doğru kaçtılar?"

„Dazlaklar mı? İşte o yana koşar adımlarla gidenler sanırız dazlaklardı."

„Yok, yok öbür yüne gitmişler..." dedi kimisi.

Bektaşiler Derneği'nin başkanı Murat işten dönüyordu. Kalabalığı görünce yanlarına vardı. Konuşmalara kulak verdi. Her zamanki o erenler tavrıyla konuştu:

„Dazlakları burada değil, gidin mecliste arayın!" dedi ve sesizce yoluna koyuldu. Kütahyalı Ahmet „Bunlar cin mi, şeytan mı yahu, hemen ortadan kayboldular?" dedi.

Emine Türkçe sesleri duydu. Pencereye vardı, yavaşça açtı. Biraz tepeden onlara baktı. Ardından usulca bir köşede toplanan kadınların yanına vardı.

„Ne olmuş, dazlaklar mahalleyi mi basmış?"

İnce bir sesle Ayşe yanıtladı: „Bilmem ki bacım, öyle diyorlar..." Samiye ona laf yetiştirmek için: „Korkuyoruz bacım. Çocukları bir ekmek almaya göndermeye korkuyoruz." Ordaki kadınların tümünün dudağından bir anda „He annam, hem de nasıl korkuyoruz!" sözleri döküldü. Ardından Samiye yine lafı kaptı: „Mölln olaylarından bu yana gözlerime uyku girmiyor. Birazcık dalsam kötü kötü rüyalar görüyorum. Bizimkinin aldırdığı yok. 'Korkunun ölüme faydası yok' diyor. Adam başını yastığa koyar koymaz horul horul uyuyor."

„Ne olacak erkek milleti. İşten kahveye, kahveden yatağa. Çocukların, kadınların yüreği patlamış adamların umrunda değil!"

„Olur mu hiç bacım, onlar da baba. Fabrikalarda veya yer altında çalışmak kolay mı? Yorgunluktan canları çıkıyor!"

„Sen herkesi kendi kocan gibi biliyorsun İlknur. Seninki yılda kaç kez kahveye gidiyor? Her zaman seninle ve çocuklarınla ilgileniyor. Ya bizimkilerin durumu ne?'"

Caddede olup bitenleri, üçüncü katın penceresinden izliyordu Ralf.

Yanına varıp dikilen Nobert'in omuzuna, cebinden çıkardığı kalemle bir Gamalı Haç çizdi. Ardından mutluluk dolu bir tonla konuştu: „Nihayet başardık. Artık kimse bu akışın önünü alamaz. Alamayacaklar da!"

„Neyin akışını?" Başıyla caddede oluşan kalabalığı ve onların kimliklerini tesbit etmeye çalışan polisleri gösterdi: „Korku dört bir yana sindi. Artık güçsüz olanlar saflarımızda yer alacaklar. Hedefe yürüyeceğimiz güne yaklaşıyoruz., bu kez yeneceğiz!" Sözünü bitiremedi. Caddenin karşı köşesinde kucakları çiçek dolu ona yakın Alman çocuğunun geldiğini gördü. Çocuklar, palabıyıklı, elleri nasırlı, esmer adamlara ve başı bağlı, siyaha saçları omuzlarına dökülmüş kadınlara çiçekler dağıtmaya başladılar. Onlar da çocukların yanaklarını ve saçlarını okşuyorlardı.

Boğazında sözcükler düğümlendi, yutkunamadı. Yüzü bembeyaz oldu, kirece döndü Ralf'ın.

CAFÉ UND SKINHEADS

Ist es leicht zu lachen? Eine Frau zu sein und dann noch die Frau eines muslimischen Emigranten?

Eine Blume des Glücks, das feurig im Herzen fließt, auf der Wange erblühen lassen; das ist so, wie wenn man sechs Richtige im Lotto trifft.

Emine wollte lachen, sich amüsieren. Indessen hatte ein bedrükkendes Gefühl sie überfallen und ließ sie nicht mehr los. Das Unbehagen in ihrem Herzen wuchs von Tag zu Tag. Ihr Leben zu Hause ähnelte weder annähernd dem Leben in dem bunten Fernseher, noch der Lebensart von Millionen Menschen, die in diesem Land lebten. Als ob das nicht reichen würde, wurde dauernd von den Angriffen der Skinheads und den von ihnen in Brand gesetzten Häusern gesprochen. Als hätten die Frauen, die Presse, das Radio und der Fernseher nichts anderes zu erzählen.

Wie lange lebte Emine schon mit Laz Ahmet zusammen? Sie überlegte, konnte sich aber nicht daran erinnern. Die Worte „eine Sache, die nicht besprochen wird, wird vergessen" kamen über ihre Lippen. Was macht denn Ahmet, daß über einen solchen Tag in ihrem Leben nicht gesprochen wird. „Was soll er schon machen? In der Jugend denkt man, daß die Heirat etwas besonderes ist. Und dann bereut man es tausendmal. Insbesondere diese Cafés, wie soll da eine Frau glücklich werden, solange es sie gibt. Beide Augen desjenigen, der sie erfunden hat, soll erblinden...", sagte sie und schmiß den Besen weg, den sie in der Hand hatte.

Jeden Arbeitstag in aller Frühe sprang Ahmet aus dem Bett, schnappte nach seiner Tasche und machte sich auf den Weg zur Arbeit. Emine schaute ihm stets hinterher und sie sagte wie auf einen Anrufbeantworter gespeichert: „Allah soll deinen Armen Kraft geben und dich unseren Kindern erhalten." Sie erinnerte sich daran, daß sie seit 25 Jahren seinen Dreck wegmacht, sein Essen, sein Bett macht und nicht ein einziges Mal die Worte „Vielen Dank" oder „Auf Wiedersehen" gehört hatte. Sie wurde traurig, ihre Augen wurden feucht. Man sagt ja nicht umsonst, „auch wenn er der Vater deiner Kinder ist, ist er noch immer der Sohn eines Fremden". Das Unbehagen in Emine wurde unerträglich. Sie zog die Arbeitszeit ihres Mannes wie mit einer Kette. Er mußte sobald wie möglich nach Hause kommen. Sie konnte sich nicht gegen den Wunsch wehren, ihn noch vor dem Abendessen zu Hause sehen zu wollen.

Vielleicht wurde die Angst in Emine größer parallel zu der in Deutschland in der Schnelligkeit eines Wirbelwindes aufkommenden Fremdenfeindlichkeit. Diese Angst stand vor Emine und beeinflusste sie. Aber sie war sich dessen nicht bewußt.

„Wenn der Mann doch gleich nach der Arbeit nach Hause kommt; wenn das Haus angegriffen wird, wenn es in Brand gesetzt wird, dann kann er wenigstens die Kinder beschützen. Immerhin ist er ein Mann." So sprach sie in den letzten Tagen oft zu sich selbst. „Euer Vater ist süchtig nach dem Café, Kinder, wir müssen etwas tun, um ihn von da wegzureißen", wollte sie sagen, doch gleich darauf hämmerte sich der Gedanke 'Nein, das geht nicht, ich habe kein Recht ihren Vater schlecht zu machen' wie ein Nagel in ihren Kopf.

Aber heute war alles anders. Sie konnte sich dieses Unbehagens nicht erwehren. Sie konnte nicht einmal ein Abendessen für ihre Kinder zubereiten. Wie eine durchgedrehte Ziege ging sie von einem Zimmer ins nächste Zimmer.

119

Ahmet war wie gewöhnlich direkt nach der Arbeit ins Café gegangen und hatte mit seinen Freunden schon längst ein Skatspiel angefangen. Auch heute würde er den Tee für alle, die da saßen, bezahlen.

Die Bilder aus dem Fernsehen von Mölln und Hattingen kamen vor Emines Augen. Der Rap-Rap-Marsch der Skinheads, wie ein Militärmarsch, die gegenseitigen Angriffe der Jugendlichen, die Schreie, die in Brand gesetzten Häuser, der sich erhöhende Rauch Skinheads, Skinheads... Sie setzte sich vor das Telefon. Sie griff zum Hörer. Die einzige Nummer, die sie auswendig wußte, war die des Cafés. Mit zitternden Fingern wählte sie diese Nummer. Dem Kellner, der den Hörer abnahm, sagte sie mit weinerlicher Stimme: „Gib mir Laz Ahmet." Die Stimme des Kellners wurde laut: „Laz, jemand will dich sprechen, Telefon!"

„Ich bin es, Ahmet, auf der Straße laufen Skinheads umher. Komm schnell nach Hause."

„Es ist das letzte Spiel, ich komme sofort, wenn es zu Ende ist", sagte er und hängte ein, ohne Emine die Gelegenheit zu geben, noch sprechen zu können. Emine wickelte sich das Haar um ihren

Finger, steckte es in ihren Mund und kaute darauf. Die Sekunden vergingen so langsam wie Minuten, Stunden. Sie ging ins Wohnzimmer und warf sich auf das Sofa. Wieder sah sie vor ihren Augen Skinheads und hörte deren Rap-Rap-Marsch...

Sie stand auf und wählte von neuem die einzige Telefonnummer, die sie kannte. Als sie „Islamischer Verein, Teestube" am Ende der Leitung hörte, übermittelte sie wie eine aufgezogene Uhr die Worte „Skinheads haben das Viertel umzingelt, sagt Laz Ahmet, er soll sich beeilen". Ihr Körper war in Schweiß gebadet. Der Hörer klebte in ihrer Hand, sie konnte ihn nicht loslassen. Sie hörte die Stimme des jungen Kellners. „Habt ihr gehört, die Skinheads setzen Bodenbrock in Brand!"

Auf den Ruf des Kellners erhob nur Ömer, der ganz allein an einem Tisch saß, den Kopf. Er richtete seine Augen auf die türkische Flagge, die an der Wand hing. „Alle meine Hoffnungen fallen wie Blüten, die im Frühling in einen Frost geraten. Seit Jahren gehe ich jeden Tag an zehn Türen. Doch jede Tür, der ich mich hoffnungsvoll nähere, schlägt sich vor mir zu. Ich werde meine Kraft geben, Geld für Brot verdienen; es gibt nichts, mein Allah, es gibt nichts. Unser Schicksal ist besiegelt auf dieser Welt. In guten Zeiten, wo ich noch gearbeitet und Geld verdient habe, wieviel Freunde hatte ich damals, wie wertvoll war ich neben meinen Verwandten. Als ich dann arbeitslos wurde, verlor ich sie. Nasrettin Hoca sagte nicht umsonst: 'Friß mein Pelz, friß.' Und du Fahne, die du ein Land vertrittst. Ich war jederzeit bereit, für dich Blut zu vergießen, mein Leben für dich herzugeben. Hatte ich nicht aus dem Grund mit Freude zwei Jahre Militärdienst geleistet. Du hast uns nicht den Weg zum Brot eröffnet. Die Menschen dieses fremden Landes beleidigen uns, jagen uns, du kümmerst dich nicht um uns.

Euer Verständnis ist 'Kommt bloß nicht zurück, egal wie ihr dort lebt, schickt uns Devisen.' Das beste ist, wenn ich mich in dich einwickle, einen Liter Benzin über mich gieße und mein Feuerzeug betätige, einen letzten tiefen Zug von meiner Zigarette nehme. Vielleicht würde das die Aufmerksamkeit der Welt auf unsere Situation ziehen. Eine Tür würde sich für alle öffnen, die sich wie ich in Schmerzen wälzen."

Ömer sprang auf. Er schrie: „Wer ein Mann ist, wer Moslem ist, wer ein wenig türkisches Blut in seinen Adern hat, komme mit mir! Reicht es nicht, was sie tun, reicht es noch immer nicht?"

Sie warfen ihre Spielkarten auf den Tisch. Es klang wie explodierendes Dynamit, als sie die Backgammon-Kästen zuwarfen.
Alle waren aufgeregt. Alle nahmen sich einen Stuhl und brachen ihnen die Beine ab: Der Cafébesitzer konnte sich nicht entscheiden, wie er sich verhalten sollte. Einer der Kellner fluchte in sich hinein, konnte sich aber nicht laut äußern. Man lief zu den Autos. Diejenigen, die kein Auto hatten, sagten zu ihren Freunden: „Gott sei Dank bin auch ich Moslem. Ich bin Türke." Innerhalb weniger Minuten fuhren etwa zwanzig Autos hintereinander, ohne die Verkehrsampeln weiter zu beachten. Ein Polizeiwagen hängte sich hintendran. Hasan fuhr an die Seite, um die Polizei nicht zu behindern. Der Polizist, der sich ihm näherte, fragte: „Was ist los, ihr habt den gesamten Verkehr durcheinander gebracht. Zeigen Sie mir mal Ihren Führerschein!" Hasan antwortete ruhig: „Was denken Sie, soll noch passieren. Skinheads haben Badenbrock überfallen. Sie plündern. Anstatt Leute zu verhindern, die versuchen ihr Heim zu schützen, sollten Sie besser versuchen, die Skinheads aufzuhalten." Anschließend gab er Gas und fuhr los.
Der Polizeibeamte war irritiert. Er benachrichtigte die Zentrale.
Sie kamen gleichzeitig mit einigen kleinen Polizeibussen an.
Sie fragten sich alle gegenseitig:
„Wo sind die Skins, wo sind sie hingelaufen?"
„Die Skins? Da, in diese Richtung glaube ich."
„Nein, nein in die Richtung..."
Der Vorsitzende des Bektaschi-Vereins Murat kam gerade von der Arbeit zurück. Als er die Menschenansammlung erblickte, ging er auf sie zu und versuchte herauszubekommen, worum es ging. Selbstbewußt sagte er: „Hey, Ihr, die Skinheads sind nicht hier, geht und sucht sie im Parlament" und machte sich anschließend auf nach Hause.
Der Ahmet aus Kütahya sagte: „Sind das Geister oder Teufel, sie sind plötzlich wieder verschwunden."
Emine hörte draußen Stimmen. Sie ging zum Fenster und öffnete es leise. Sie schaute sich das Geschehen von oben etwas an und ging dann ruhig zu den Frauen, die sich an einer Ecke gesammelt hatten.
„Was ist? Sollen die Skins das Viertel angegriffen haben?" Mit einer dünnen Stimme antwortete Ayşe: „Ich weiß nicht, Schwester, sie sagen so etwas." Samiye sagte: „Wir haben Angst, Schwester, und wie wir uns fürchten. Seit dem Vorfall in Mölln

kann ich nicht mehr ruhig schlafen. Sobald ich einnicke, bekomme ich Alpträume. Meinen Mann kümmert das nicht. 'Die Angst kann den Tod auch nicht verhindern', sagt er und schläft gleich schnarchend ein."

„Was soll's; typisch Mann. Von der Arbeit ins Café, vom Café gleich ins Bett... Die Herzen der Kinder, der Frauen sind vor Schreck geplatzt, die Männer kümmert's nicht."

„Das kann doch nicht sein, Schwester, sie sind Väter. Es ist nicht leicht, in der Fabrik oder in den Bergwerken unter der Erde zu arbeiten. Ihnen entweicht vor Müdigkeit das Leben, das in ihnen steckt."

„Du denkst, jeder ist wie dein Mann, İlknur. Wie oft im Jahr geht dein Mann ins Café? Er beschäftigt sich jede freie Minute mit dir und den Kindern. Und unserer..."

Ralf beobachtete vom Fenster im dritten Stock aus das Geschehen auf der Straße. Er nahm sich einen Stift aus seiner Tasche und zeichnete Norbert, der sich neben ihn stellte, ein Hakenkreuz auf die Schulter. In einem glückerfüllten Ton sagt er:

„Endlich haben wir es geschafft. Niemand kann sich uns mehr in den Weg stellen!"

„Was?"

Er deutete mit dem Kopf auf die Menschenmenge auf der Straße und die Polizisten, die deren Personalien feststellten. „Die Angst hat sich überall eingenistet. Auch die Schwächeren werden sich jetzt auf unsere Seite stellen. Der Tag, an dem wir unser Ziel erreichen werden, ist nicht mehr fern. Dieses Mal werden wir die Gewinner sein..."

Er konnte seinen Satz nicht zu Ende bringen. Da erblickte er auf der Straße einige deutsche Kinder, die riesige Blumensträuße im Arm hatten. Die Kinder verteilten Blumen an die dunkelhäutigen Männer mit Schnauzbart und Hornhaut an den Händen, an die Frauen mit Kopftuch und an solche, deren schwarze Haare auf ihre Schultern fielen. Sie streichelten den Kindern über den Kopf und tätschelten ihre Wangen. Ralf bekam einen Knoten im Hals und konnte nicht mehr schlucken. Er drehte sein Gesicht zur Wand.

METİN GÜR

BIOGRAPHIE

Geboren 1939
in Arapkir/Malatya

Ausbildung zum Schriftsetzer

Seit 1968 lebt er
mit Unterbrechungen in der
Bundesrepublik Deutschland

Autor und Journalist

1984
Stadtschreiber von Bergkamen

Auszeichnung des Türkischen
Journalisten Verbandes in Europa
zum Journalisten des Jahres 1992

Schreibt in türkischer und veröf-
fentlicht in deutscher Sprache

Mitglied des Verbandes deutscher
Journalisten, desVS und
im Literaturkreis türkischer
Schriftsteller in NRW

ÖZGEÇMİŞ

1939'da Malatya'nın Arapkir
ilçesinde doğdu

Matbaacılık öğrenimi yaptı

1968 yılından beri Federal
Almanya'da yaşıyor

Gazeteci-Yazar

1984
Bergkamen kenti tarafından
bursla ödüllendirildi

1992
Avrupa Türk Gazeteciler
Cemiyeti'nin Yılın Başarılı
Gazetecilik ödülü'nü kazandı

Türkçe yazıyor,
Almanca yayınlıyor.

Alman Gazeteciler Birliği,
Alman Yazarlar Birliği
ve Kuzey Ren Vestfalya
Türkiyeli Yazarlar Çalışma
Grubu üyesi.

BIBLIOGRAPHIE

Meine fremde Heimat
Türkische Arbeiterfamilien
in der Bundesrepublik
Pahl-Rugenstein Verlag
Köln 1987

Warum sind sie
kriminell geworden
Türkische Jugendliche
in deutschen Gefängnissen
Neuer Weg Verlag
Essen 1990

Türkisch-islamische
Vereinigungen in der
Bundesrepublik Deutschland
Brandes & Apsel Verlag
Frankfurt a.M. 1993

Otuz Yılın İçinden
Anadolu Verlag
Hückelhoven 1993

YAPITLARI

Meine fremde Heimat
-Benim Yabancı Yurdum-
Federal Almanya'daki Türk
İşçi Ailelerinin Öyküsü
Pahl-Rugenstein Verlag
Köln 1987

Warum sind sie kriminell
geworden?
-Neden Suçlu Oldular-
Alman Tutukevlerinde Türk
Gençleri
Neuer Weg Verlag
Essen 1990

Türkisch-islamische Vereini-
gungen in der Bundesrepublik
Deutschland
Federal Almanya'da Türk-
İslam Dernekleri
Brandes & Apsel Verlag
Frankfurt a.M. 1993

Otuz Yılın İçinden
Anadolu Yayınevi
Hückelhoven 1993

126

EROİN BAĞIMLISI BİR GENÇ VE ÇÜRÜYEN BİR AİLE

$\mathbb{E}$rkan'la, Duisburg kentinde yaşayan Türklerin yoğun yerleşim merkezlerinden biri olan Marxloh yöresinde bir sığınmacı yurdunun bodrumunda, şubat ayının soğuk günlerinden birinde tanıştık. Burası polis karakoluna yakın, işlek bir caddenin yanıbaşında ve bir caminin karşısında. Bodrumun özelliği, eroin bağımlısı Türk gençlerinin uğrak yeri oluşu. Bir çekimlik eroin eline geçiren buraya koşar. Kışın dışarıda eroin çekmek zordur. Böylesi günlerde bodrumun önemi daha da artar, hem ısınırlar, hem de eroin içmeyen insanlardan uzak kalarak kendi dünyalarını yaşarlar. Bodrumda olup bitenleri çevrede oturan, esnaflık yapan, kahve işleten Türkler bilir. Kimi günler eroinci gençler arasında eroin pazarlığı sokakta gündüz gözü yapılır. Satış yapanlar kafalarını bulmuşlarsa yüksek sesle de konuşurlar. Onların bu halini çevre umursamaz, kanıksamıştır.

Yurtta kovalamaca
Eroin kurbanları Erkan ve arkadaşlarıyla bodrumda tanıştıktan sonra onlarla günlerce ilgilendim. İlişkilerimi sürdürdüm. Beni kendilerine yakın gördüler. Rahat çalışma olanağı buldum. Bu çalışma sırasında ilginç olaylara tanık oldum. Bunlardan biri kovalamaca! Yurtta kalan çeşitli ülkelerden gelmiş sığınmacılar, bodrum sakinlerinin davranışlarını çoğu zaman hoşgörü ile karşılar. Ama her zaman bir olmaz ya. Morallerinin bozuk olduğu ana rastlarsa eroin çeken gençleri gördümü kovarlar, polise ihbar etmekle korkuturlar. Kovulan gençler, yere serdikleri gazete sayfalarının üzerinde bulunan iğneleri ve eroin çekme malzemelerini kaptıkları gibi üç katlı yurdun merdivenlerini bir solukta çıkarak çatı katına tezgahı kurarlar. Çatıya sığındıkları haberi kızgın sığınmacılar arasında duyuluncaya kadar, onlar alelacele işlerini bitirerek binayı terkederler.

İşlerinin kurdu olmuşlar
Eroinci gençler işlerinin kurdudur. Ne yurtta kalanların tezgahına düşerler, ne de polisin. Bu tür olaylar oldu diye bodrumdan ayakları kesilmez. İkinci gün yine damlarlar. Yurdun kapısı kapalıysa bıçakla açarlar, bu da olmazsa kırarlar. Kimsenin ruhu duymaz,

sessizce, ayaklarının ucuna ustalıkla basa basa içeri süzülürler. Ben de onları izlerim. Bodrum kapısını açmaya yarayan demir kaşık sapı, anah-tarsız, yamuk kapaklı bir posta kutusunun içinde saklıdır. İçeri ilk giren alır, bodrumdan en son çıkan tarafından yine yerine konur.

Yedi kardeşten yedisi de *Hauptschule*'li

Zonguldak'lı Erkan 1967 yılında yoksul bir ailenin çocuğu olarak Bartın kasabasında doğuyor. O doğduğunda babası F. Almanya'da işçi. 1960 yılında gitmiş. Annesi, 1970'de çocuklarını yanına alarak Duisburg yakınlarındaki Dinslaken kentinde çalışan eşinin yanına gelir. Geliş o geliş. Üç çocuklu iken yedi çocuklu oluyor, sıkıntılı günler yaşıyor.

Anne okul yüzü görmemiş. Almanya'da uzun yıllar çalışmamış, hep çocuklarına bakmış. Şimdi çalışıyor. Erkan: „babamın kahrını çekmemek için çalışıyor" diyor. Emekli olan babasından sözederken hiç de iyi şeyler söylemiyor. Ona kırgın. Uzun yıllar içki içmiş, aylarca eve gelmemiş. Erkan diyor ki: „Babamın iki Alman dostu vardı. Bu nedenle annem çok ağlardı ama ne yapsın garipti, elinden bir şey gelmezdi. Alman kadın Analiese eve ayak bastımı evin huzuru kaçardı. Hala bu kadınla ilişkisini sürdürüyor."

Erkanlar 1972'den beri Marxloh'da oturuyorlar. Burasını köyleri gibi tanıyorlar. Türkiye'yi aramayacak kadar sevmişler Marxloh'u. En küçük kardeşleri, Bartın'ı hiç tanımıyor.

Grundschule'de orta dereceli bir öğrenci olduğunu söyleyen Erkan, *Hauptschule* 10. sınıftan çıkma. Kardeşleri de aynı okulda. Ağabeyleri gibi gelecekleri karanlık. Çevreleri olumsuzluklarla örülü. Hiç biri çocuk yuvasına gitmemiş. Ev ödevlerine yardım eden kimse yok.

Okuldan kaçma yedinci sınıftan başlıyor

Erkan evli. İki yaşında bir oğlu var. Banyosuz, tuvaleti merdiven başında olan 16 metrekare bir evde oturuyorlar. Oda mutfak olarak da kullanılıyor. Çamaşırlar pencere ile kapı arasına çekilen ipte asılı. Leğende yıkanıyorlar. Adım atacak yer yok. Eşyaların bir kısmı dolabın üzerine gelişi güzel atılmış, bir kısmı yerde. Erkan bana bir yer açtı, oturup konuşmaya başladık. Önce onun bu acı ve sonu olmayan yaşamının başlangıcına döndük.

Erkan, okuldan kaçmayla başladı sokak yaşantın, değil mi?

„Evet, yedinci sınıfta kaçmaya başladım. Yalnız değildim. Dört kafadardık. Müzik dersi olduğu zaman kaytarırdık. Hoşumuza gitmezdi. Zaten okumanın önemini kavramış değildik. Elimizden tutan yoktu. Gözümüz dışarıdaydı."

Okuldan evinize uyarı mektubu gelmez miydi?

„Gelirdi. Benim babam okul aile toplantılarına hayatta gitmemiştir. Kardeşlerim için ben giderdim. Mektup alıp okuyunca tek yaptığı iş dövmek olurdu."

Erkan'ı evden kaçıran baskı

Evden kaçmaya kaç yaşında başladın?

„Hiç sorma, on altı yaşımda ipleri kopardım."

Neden?

„Evde bana çok baskı yapıyorlardı. Beni adamdan saymazlar, hep horlarlardı. Küçük bir hata yapsam, 'senden adam olmaz', eve geç gelsem, 'berduş olacaksın' derlerdi. Başımı alıp evden çıktım. Kimi gün parklarda, kimi gün bahçelerde yaptığımız evlerde gecelerdim. Eve gizli girebildiğim zaman bodrumda yatardım. Öyle zaman olurdu ki, bir ay eve gelmezdim. Annemi özlediğim zaman, pedere hiç görünmeden evin yakınından geçerek annemi, kardeşlerimi görürdüm, onlara kendimin iyi olduğunu gösterirdim."

On yaşında hırsızlık

Peki, parayı nereden alırdın?

„Ya annemden alırdım, ya da hırsızlık yapardım. Arkadaşlarla on yaşımda hırsızlığa başladım. Önce sigara çaldık. Çünkü altı yaşımda babamın yardımı ile sigaraya alıştım. 'Oğlum sigara içiyor' der övünürdü. Sigaradan sonra çikolata çaldık. Ardından, on üç yaşıma yeni basmıştım ki, içkiye alıştık, içki çaldık."

On beş yaşında esrar çekme

Erkan, seni tanıdım tanıyalı uyuşturucunun, eroinin günlük yaşamında önemli bir yeri olduğunu, bazen tam gününü eroinin peşinde koşmakla geçirdiğini gördüm. Uyuşturucuya ne zaman başladın?

„Esrar içmeyi on beş yaşımda *Hauptschule*'de öğrendim. Teneffüslerde arkadaşlar tuvaletlerde sarar içerlerdi. Bir gün, 'sen de çek' dediler. Ben de çekmeye başladım. İlk çektiğimde başım döndü, kustum. İkinci çekişimde etkilendim, hoşlandım. Arkadaşlarla birlikte günde iki üç sigaralık içmeye başladık."

Esrarı nereden bulurdunuz?

„Cebinde malı olan arkadaşlar, gramını on Mark'tan satarlardı. Kendi aramızda para toplar alırdık. Evlerde satanları da öğrendik.

Kimi zaman da buralardan alırdık. 1989 yılına kadar tam esrar-keştim. Günde rahat iki gram esrarı nargile ile içerdim. Öyle zaman oldu ki, aldığımız yerde kilolarla mal vardı, onları gördüm. Satanlar çoğunlukla Alman'dı."

Torbacı Erkan
İçince satış da başlıyor, değil mi?
"Ben torbacıydım. Hiç büyük satış yapmadım. Biri gelir elli ya da yüz Mark'lık alırdı. Malı satarken bir ucundan kırıp cebime atmazdım. Çok dürüsttüm. Satıcıya, sattığımın parasını verirdim. On gram sattım mı, o bana iki gram bedava verirdi. Günlük sigaralık çıkardı."
Esrarı bedava içmek için mi satıyordun?
"Evet, çünkü almak için para bulamıyordum. Ayrıca esrar içen arkadaşlara da yardımcı oluyordum. Kötü mü?"
Ama arkadaşlarını da zehirliyordun?
"Tabi zehirliyordum, kendimi de zehirliyordum. Ben yardımcı olmasam başka yerden alacaklar, yüzde yüz kazık yiyeceklerdi."
Bu kazığın nasıl yendiğini biraz anlatır mısın?
"Alıcılarla satıcılar arasında sömürü var. Satana çok para verilir az
130   mal alınır. Örneğin, gerçek malı evinde bulunduran tartıyla satar. Onun belli bir fiyatı vardır. Torbacı on gram esrarı yüz Mark'a alır, üzerine yüzde yüz zam koyarak iki yüz Mark'a satar."
Hollanda'da Almanya'ya göre daha ucuz olduğu biliniyor. Oradan hiç almadın mı?
"Dört beş kez aldım. O zaman vize vardı, sınırlar kapalıydı."
Şimdi?
"Yollar açık. Kilolarla geliyor. Önceden de geliyordu ama para Almanlara akıyordu. Çünkü onları sınırda aramazlardı. Şimdi esrar piyasası Türklerin eline geçti."

Esrardan eroine geçiş
Esrardan eroine geçişin nedenini merak ediyorum, anlatır mısın?
"1989'a kadar esrar içtim. O sıralar piyasada esrar yoktu, kupkuru idi. Eroin bağımlıları çoğalsın, pazar büyüsün diye çekildi. Çevremde eroinciler türedi. On beş, on altı yaşındaki çocuklar eroin kullanmaya, satmaya başladılar. Kişi başına on, on beş bin Mark para yaparlardı. Bu nedenle pazara tonlarca eroin sürüldü. Esrar içenler eroinci oldu. Bozuk para gibi kolayca cebinden eroin çıkaran arkadaşlar bana uzatarak, 'sen de dene' diyordu. Denedim ve ben de eroinci oldum!"

Günde ne kadar eroin içebiliyorsun?
„Para durumuna göre bu değişiyor. Kimi gün yarım gram, param oldumu daha fazla alıyorum."
Nasıl içiyorsun?
„Jelatinli kağıtla içiyorum, kimi zaman iğne yapıyorum."

Böyle olacağını bilseydim Almancıyla değil, yoksul bir köylü ile evlenirdim!

Erkan'ın eşi, daracık odasında Türkiye'deki köyünden geldiği gibi değil, sararmış solmuş. Ne yapacağını bilemez halde. Ne para var, ne doğru dürüst ev var, ne de onun deyimiyle başında 'akıllı uslu bir koca' var! Düşünceli düşünceli Erkan'ın konuşmalarını dinliyor. Yüzü ona dönük. Bir uçurumdan bakar gibi bakıyor. Kim bilir neler düşünüyor, çatıkatının tek pencereli sıkıntı veren odasında. Eşinin eroinci olduğu sadece kendi içlerinde kalsa, uzaktan yakından duymayan kalmamış. Bir de bunun ezikliği içinde.
Ben yine Erkan'a dönüyorum:
Şu daracık yerde de içiyor musun?
„Malım varsa tuvalete girer çekerim. Eşim içtiğimi anlayınca bir tarafa çekilir, ağlar. 'Babacığım, gariban babacığım! Senin hiç yüzün gülmeyecek mi!' der. Kayınpederin bir oğlu var, gözleri görmüyor. İki damadı var: Türkiye'deki içkici, ben eroinci! Eşim babasını çılgın gibi sever. Telefonda konuşamazlar, hep ağlarlar. İşte yüzyüze bakıyoruz. Sen yabancı değilsin artık. Yalanım varsa söylesin. Ben çöktüm. Düzen bozuldu, işim bozuldu, evde huzur kalmadı. Eşim, 'Çocuk olmasaydı, senden çoktan ayrılırdım. Daha neler göreceğim, ya Rabbim! Böyle yapacağını bilseydim, bir Almancıyla değil de, yoksul bir köylü ile evlenirdim' diyor. Kavga ediyoruz. O bana vurmaya başlıyor. Sert davranmıyorum, itekliyorum, 'üstüme gelme' diyorum."

Mal bitti, arkadaşlık bitti

Eroine çok para veriyor musun?
„Yirmi bin Mark borcum var. Bu eroine gitti. Şimdi iki bin Mark'ım olsa yine mala yatırırım. Bugün yüz otuz Mark'a bir gram aldım. Şu an üstümde bir şey kalmadı, arkadaşla kullandık, bitti. Mal bitti, arkadaşlık bitti. O kendi yoluna gitti, ben kendi yoluma!"
Yüz otuz Mark'ı nereden aldın?
„Cuma günü ayrıldığım işyerinden son aylık geldi. Bir de vergi

denkleştirmeden aldım. Hepsi bin dokuz yüz otuz Mark oldu. İki yüz Mark olan ev kirasını ödedim, iki aylık ev ihtiyaçlarını gördüm, bana altı yüz elli Mark kaldı. Bununla üç gün idare ederim. Mal alıp satış yaparsam, bir kaç gün daha fazla gider."
Demek ki eroin satışı da yapıyorsun?
"On gram alıp sattım. Ama hepsini veresiye verdim, parasını alamadım."
Nereden alıyorsun? Satanlar Alman mı, Türk mü?
"Türkler. Yaşlılar öne çıkmıyor. Önde olan sığınmacılar. Bir kilo eroini, bir haftada satıyorlar. Sokaklarda satış yapanlar Marakolu, Türk, Yugoslav. Kilo kilo satanlar PKK hayranı. Ben de üç dört ay PKK ile bağlantı halinde kaldım. Onlardan eroinin gramını yetmiş Mark'a alırdım. Şimdi istesem kilolarla dağıtan kişiye ulaşırım, ama elimde para olacak, bir de polis bana takılmayacak."

Değerli ev eşyaları satılıyor
Erkan, eroin satmadan eroin içmek o kadar zor mu?
"Çok zor. Eroin, elinde ne kadar değerli eşya varsa alıp götürüyor."
Neyini sattın?

132   "Hiç sorma; televizyonu, müzik setini, kamerayı ve düğünden kalan altınları sattım. On bin Mark'lık kitaplığımı iki bin Mark'a verdim. İçinde dini kitaplar, sözlükler, ansiklopediler vardı. Çok üzüldüm. Türkiye'ye her gidişimde kitap alırdım. O zamanlar okumayı seviyordum."
Satacak neyin kaldı?
"Değerli bir şey kalmadı."
Eroin alacak paran olmayınca ne yapıyorsun?
"Tanıdık arkadaşları görüyorum. Malları varsa bana ısmarlıyorlar. Örneğin, cebinde biraz malı olan biriyle içerek zevk almak istiyor. Kimseyi göremezsem eve dönüyorum. Yok yok ne yapabilirim. Bu yaşta zaten hırsızlık yapamam. Arkadaşların hırsızlık yaptıkları zaman oluyor. O an dükkanın içine bile giremem, onlar yapar ben dışarıda beklerim."

Sokaklara yeni alışanlara eroin satışı
Erkan'ın yaşamı evle sokakta eroin peşinde geçiyor. Gecesi gündüz, gündüzü gece olmuş. Sabaha karşı yatakta, öğlen on ikide ayakta. Acı bir çay içer, ardından bir sigara ve yine kanlı gözlerle, dağınık saçlarla sokakları arşınlar. Eroin içme saati gelmiştir, kıvranır durur. Onunla, yörenin en uzun caddesinde yürüyoruz. O

mal arıyor, ben izliyorum.

Bir kahveye oturup söyleşimizin ikinci bölümüne başlıyoruz. Düsseldorf ve Duisburg istasyonları çevresinde bol miktarda eroin satışı yapıldığını, beş gramcı torbacıların buraları istila ettiğini söylüyor Erkan.

Erkan, bu 'beş gramcılar' dediğin, yani üzerlerinde sadece beş gram eroin bulunduran torbacılar daha çok kimlere satış yapıyorlar?

„Yeni alışanlara, eroinin tadını yeni alanlara, ailesi ile iyi geçinenlere, cebinde parası olanlara ve sokaklara yeni yeni çıkmaya başlayanlara satıyorlar. Bunların arasında 16 - 17 yaşında olan Türk çocukları var. Saf çocuklar."

Eroincilerin sözüne güvenilmez

Eroin bağımlılarının sözüne güvenilir mi? Sen onlardan birisin ve içlerinde yaşıyorsun, ne dersin?

„Konuşurken o kadar güzel söz ederlerki, babana güvenmez onlara güvenirsin. Eroincinin eline para geçince kendinden başka kimseyi görmez. Herşeyi unutur."

Ben sana güvenebilir miyim?

„Kendimi methetmek gibi olmasın ama tek verdiğim randavuya güvenemezsin. Evden çıkarken iki saat sonra gelirim derim, beş altı saat sonra dönerim. Para verirsen bir şey olmaz. Elli Mark ver şura-dan herhangi bir eşya al de, alır gelirim."

Nasıl bir çevren var?

„Kötü, çevrem değişti. Eski çevremde kimse kimseye kazık atmıyordu. Şimdiki çevrem eski çevremin tam tersi; üçkağıtçı, çıkarcı çevre. Örneğin, arkadaşı yıllardır tanıyorum, güveniyorum. Parkta karşılaşıyoruz. Mal olup olmadığını sorunca, iyi malın olduğunu ve hemen getirebileceğini söylüyor. İki yüz elli Mark veriyorum. Satıcılar malı herkese vermiyor, tanıdıkları ile iş yapıyor. Parkın yüz metre ötesinde bekleyen satıcıya gidip malı alıyor ama benim yanıma uğramadan tüyüp gidiyor. İşte bunlar böyle."

Bu hale geleceğimi bilseydim evlenmezdim

Erkan, biraz da evliliğiniz üzerinde durabilir miyiz? Ne zaman evlendin, nasıl evlendin, evlendiğin gün uyuşturucu bağımlısı olduğunu eşine söyledin mi?

„Eroin içmeye başlayalı altı ayolmuştu. Bir değişiklik olsun diye Türkiye'ye döndüm. Üç ay kaldım. Bu süre içinde eşimle tanıştım.

Eroin bağımlısı olduğumu anlatmaya zaman bulamadan bir hafta içinde evlendik. Kendime bir aile düzeni kurmak, uyuşturucudan uzaklaşmak istedim. Bu hale geleceğimi bilseydim evlenmezdim. Evlendiğimin ikinci günü bana bir haller oldu, ruhsal bunalıma girdim. Günlerce uyuyamadım. Hocaya götürdüler. Hoca okudu muska yazdı, ağrı kesici bir ilaç verdi. Biraz düzelince dine ilgi duymaya, namaz kılmaya başladım. O zaman Mülheim kentinde bir deri fabrikasında çalışıyordum. İşimle evle uğraşıyor, camilere gidip geliyordum. Tarikatlara, Diyanet'e, Milli görüş'e gittim, hepsinin tadına baktım.

Bu arada Polmann yöresinde, evimize yakın bir sokakta kahvehane açtım. Para kazanmak için kumar oynamam gerekiyordu. Oyuncusu eksik olan masalarda oynayarak kumara alıştım. Kumar oynayanların çoğu eroin bağımlısıydı. Bana da ikram ettiler. Böylece yine eroin içmeye başladım. Eroin bağımlıları burunları koku almış gibi kahvede toplanmaya başlayınca kısa zamanda burası eroin alış veriş merkezi haline dönüştü. Böyle bir kahveden kurtulmak için başkasına devrettim. Eroin çekmeye devam ettim, bir de oradan kumar alışkanlığı kaldı."

Sonun ne olacak, geleceğini nasıl görüyorsun?

„Daha kendimden vazgeçmedim. Düzeleceğimi umuyorum. Eroini bir bırakabilsem. Kendimi eve kitliyor, iki üç gün çıkmıyorum. Çarşıya çıkınca içmek istemediğim halde aniden çevrem malla doluyor, biri gelip omuzuma vurarak, 'cebimde mal var' diyor. Dayanamıyorum, son kez olsun deyip gidip kafaları çekiyoruz. Hep böyle oluyor."

Uyuşturucu dünyasından kopamama

Erkan, hem çevresini eleştiriyor, hem de o çevreden, uyuşturucu dünyasının içinden kopamayışının nedenini açıklayamıyor. Uyuşturucu ile tanışmadan önceki günlerini, arkadaşlarını anımsıyor. İçine kapanıyor, duygulanıyor, gözleri doluyor! İhtiyacı olmadığı gerekçesiyle terapiye gitmeyi düşünmediğini söyleyerek, 'kendi kendime, madem bu işin içindesin, eroin kullanıyorsun, yapabilirsen eroinle beş on kuruş yap Türkiye'ye dön diyorum' diyerek hayal kuruyor. Bu yolla para kazanacağını sanıyor musun soruma verdiği yanıt ilginç: „Mafya babalarından gayrı kazanan görmedim. Çekiniyorum."

İş dünyasının dışına düşen Erkan

Erkan, iş dünyasından da dışlanmış bir genç. 1984 yılında Thyssen

Demir Çelik Fabrikası'na çırak olarak giriyor. 17 yaşında. Babası ile anlaşamayınca evden çıkmak zorunda kalıyor. Çıraklık devresinin bitimine üç ay kala mesleği bırakıyor. Bundan sonra iş alanında bir türlü dikiş tutturamıyor. Sırayla montajda üç ay, madende sekiz, temizlik firmasında bir yıl, deri fabrikasında on altı ay, kaçak bir işte yedi ay ve madende on bir ay çalışıyor. Şimdi bir yıldır işsiz. İş ve İşçi Bulma Kurumu'nda, yabancılar polisinde Erkan'ın dosyası kabarık.

Erkan, yüzüme acı acı bakıyor. Dışarısı karanlık ve yağmurlu. Kahvenin önünden geçen tramvayın gıcırdayan kaygan sesi kulaklarımızı tırmalıyor. Kahvenin kapanma saati. Erkan'a en son ne zaman eroin çektiğini soruyorum. „İki gün önce. Bugün bulursam hayır demem. Şöyle bir volta atıp arkadaşları bulmaya çalışacağım. Malları varsa verirler", diyor.

Erkan'la yine sokaktayız.

Şimdi kendini nasıl hissediyorsun?

„Sanki üzerimden bir ton yük gitti. Bu konuştuklarımızı, üzülmesin diye, hanıma bile anlatmadım."

Bu yaşamından dolayı kimi suçluyorsun?

„Kendimi!"

Erkan, uzun bir süre konuştuk, şimdi ayrılıyoruz. Bu saatten sonra kendi dünyanı yaşayacaksın. Adımların ona doğru gidiyor. Bu akşam için söyleyeceğin son sözün olacak mı?

„Gençler uyuşturucuya sakın ellerini sürmesinler!"

135

ERKAN, EIN DROGENABHÄNGIGER JUNGER MANN

Ich traf Erkan zum ersten Mal an einem kalten Tag im Februar im Keller eines Asylantenheimes in Marxloh, eines der von Türken dicht besiedelten Zentren in Duisburg. Das Asylantenheim befindet sich in der Nähe einer Polizeiwache und liegt dicht neben einer belebten Straße. Gegenüber befindet sich eine Moschee. Das Besondere an diesem Keller ist, daß er Treffpunkt heroinsüchtiger türkischer Jugendlicher ist. Jeder, der an Heroin herankommt, rennt hierhin. Im Winter ist es schwierig, draußen Heroin zu nehmen. An solchen Tagen bekommt dieser Keller größere Bedeutung. Man wärmt sich dort auf und hält sich fern von denen, die kein Rauschgift nehmen; man lebt in seiner eigenen Welt.

Die Türken, die in der Gegend wohnen, dort ein Gewerbe betreiben oder ein Kaffeehaus besitzen, wissen, was sich dort ereignet. An manchen Tagen verkaufen die Heroinhändler das Rauschgift untereinander am hellichten Tag. Wenn die Dealer im Rausch sind, sprechen sie auch laut. Die Leute aus der Umgebung messen diesen Jugendlichen keine Bedeutung bei, sie haben sich an sie gewöhnt.

Nachdem ich Erkan und seine Freunde im Keller kennengelernt hatte, habe ich mich tagelang um sie gekümmert. Ich habe meine Beziehung zu ihnen aufrechterhalten. Sie haben mich als einen Freund betrachtet. Ich konnte gut mit ihnen arbeiten und wurde Zeuge interessanter Vorfälle. Einer dieser Vorfälle war das 'Fangenspiel'. Meistens duldeten die im Heim lebenden Asylanten verschiedener Nationalitäten das Verhalten der im Keller weilenden Jugendlichen. Aber dies konnte ja nicht immer der Fall sein. Waren sie schlechter Laune, dann jagten sie den Jugendlichen hinterher, wenn sie sie sahen und bedrohten sie damit, die Polizei zu benachrichtigen. Die Jugendlichen schnappten sich daraufhin die Nadeln und die anderen Heroinutensilien, die auf Zeitungen auf dem Boden lagen und stiegen die Treppen des dreistöckigen Heimes in einem Atemzug hoch. Im Dachgeschoß schlugen sie dann ihre Werkstatt auf. Bis sich die Nachricht über ihren Verbleib unter den verärgerten Heimbewohnern herumgesprochen hatte, hatten die Jugendlichen ihre Arbeiten schleunigst beendet und das Gebäude verlassen. Die jungen Heroindealer verstehen sich ausgezeichnet auf ihre Arbeit. Sie tappen weder in die Falle der Heimbewohner noch in die der Polizei. Trotz dieser Vorkommnisse schrecken sie nicht davor zurück, den Keller wieder aufzusuchen. Am nächsten Tag laufen sie wieder dorthin. Wenn die Tür des Heims abgeschlossen ist, öffnen sie diese mit einem Messer oder brechen sie auf. Niemand hört sie. Leise kommen sie geschickt auf ihren Fußspitzen herein. Und ich beobachte sie. Der zum Öffnen der Kellertür geeignete eiserne Löffelstiel ist in einem Briefkasten ohne Schlüssel und mit defektem Briefeinwurf. Der erste, der kommt, nimmt den 'Schlüssel' heraus und der letzte, der den Keller verläßt, legt ihn wieder zurück.

Erkan ist verheiratet und hat einen zweijährigen Sohn. Die Familie lebt in einer 16m^2 Wohnung ohne Bad. Die Toilette befindet sich im Treppenhaus. Das Zimmer wird auch als Küche genutzt. Die Wäsche hängt an einer Leine, die an einem Fenster und der Tür befestigt ist. Sie baden in einem kleinen, tragbaren Becken. Man kann sich in der Wohnung kaum bewegen. Ein Teil der Gegenstände ist wahllos auf den Schrank geworfen, der andere Teil befindet sich auf dem Boden. Erkan macht mir einen Platz frei, und wir beginnen unser Gespräch.

Der aus Zonguldak stammende Erkan wird 1967 als Kind einer armen Familie in der Provinzstadt Bartın geboren. Als er geboren wird, ist sein Vater Arbeiter in Deutschland. Er ging 1960 dorthin. 1970 geht die Mutter mit ihren Kindern nach Dinslaken, einem Nachbarort von Duisburg, wo ihr Mann arbeitet. Seitdem ist sie hier. Aus drei wurden sieben Kinder, und sie durchlebt schwierige Tage. Die Mutter ist nie zur Schule gegangen. In Deutschland hat sie viele Jahre lang nicht gearbeitet, sondern sich den Kindern gewidmet. Jetzt arbeitet sie. Erkan sagt: „Sie arbeitet, um der Launenhaftigkeit meines Vaters zu entrinnen."

Als wir über seinen in Rente gegangenen Vater reden, erzählt Erkan nur Negatives über ihn. Er ist über ihn verärgert. Über lange Jahre war er dem Alkohol verfallen, kam monatelang nicht nach Hause. Erkan sagt: „Mein Vater hatte zwei deutsche Liebhaberinnen. Aus diesem Grunde weinte meine Mutter sehr viel, aber was hätte sie tun können, sie lebte in der Fremde, und ihr waren

die Hände gebunden. Wenn die deutsche Frau, Anneliese, zu uns kam, verschwand der Haussegen.
Er ist immer noch mit dieser Frau zusammen."

Seit 1972 lebt Erkan mit seiner Familie in Marxloh. Sie kennen sich hier nun aus wie in ihrem eigenen Dorf. Sie fühlen sich so wohl in Marxloh, daß sie die Türkei überhaupt nicht vermissen. Das jüngste Kind kennt Bartın nicht. Erkan, der erzählt, daß er auf der Grundschule ein mittelmäßiger Schüler war, verläßt die Hauptschule nach der 10. Klasse. Er ist ein Jugendlicher, der von der Arbeitswelt ausgeschlossen wurde. Er fängt 1984 bei der Thyssen Stahlindustrie als Lehrling an. Er ist siebzehn Jahre alt. Als er sich mit seinem Vater überhaupt nicht mehr versteht, ist er gezwungen, aus der Wohnung auszuziehen. Drei Monate vor Beendigung der Lehre bricht er seine Ausbildung ab. Danach kann er bei keinem Arbeitgeber mehr seine Stellung halten. Nacheinander ist er drei Monate auf Montage, acht Monate im Bergbau, ein Jahr bei einer Reinigungsfirma, sechzehn Monate in einer Lederfabrik, sieben Monate in Schwarzarbeit und elf Monate im Bergbau beschäftigt. Nun ist er seit einem Jahr arbeitslos. Erkan hat eine dicke Akte beim Arbeitsamt und der Ausländerbehörde. Seine Geschwister gehen auf die gleiche Schule, die Erkan besucht hat. Wie die Zukunft ihres älteren Bruders sieht auch ihre Zukunft nicht gerade rosig aus. Es werden ihnen viele Steine in den Weg gelegt. Keines dieser Kinder hat einen Kindergarten besucht. Niemand hat ihnen bei den Hausaufgaben geholfen.
„Erkan, fing dein Straßenleben an, als du damit begonnen hast, die Schule zu schwänzen?"
„Ja, in der 7. Klasse fing ich an, die Schule zu schwänzen. Ich war nicht allein. Wir waren zu viert. Wenn wir Musik hatten, haben wir uns verdrückt. Wir mochten den Musikunterricht nicht. Wir hatten den Sinn des Lernens sowieso nicht begriffen. Niemand hat uns den richtigen Weg gewiesen. Wir wollten nur raus."
„Kamen niemals Mahnbriefe aus der Schule?"
„Doch. Mein Vater war noch nie auf einem Elternsprechtag. Ich ging zu den Elternsprechtagen meiner Geschwister. Als mein Vater diese Briefe erhielt, las er sie und das einzige, was ihm dazu einfiel, war, mich zu schlagen."
„Wann hast du angefangen, von zu Hause wegzulaufen?"
„Frag' mich bloß nicht danach... Es geschah, als ich 16 Jahre alt

war."

„Warum?"

„Zu Hause wurde ich sehr unter Druck gesetzt. Mir wurde keine Bedeutung beigemessen. Ich wurde immer verächtlich behandelt. Wenn ich den kleinsten Fehler beging, sagten meine Eltern: 'Aus dir wird nichts werden.' Kam ich spät nach Hause, sagten sie: 'Aus dir wird ein Rumtreiber werden.' So bin ich dann von zu Hause weggelaufen. An manchen Tagen schlief ich in Parks, an anderen Tagen in den Häuschen, die wir in den Gärten aufgebaut hatten. Wenn ich unbemerkt in die Wohnung eindringen konnte, schlief ich im Keller. Manchmal kam ich einen ganzen Monat lang nicht nach Hause. Wenn ich meine Mutter vermißte, ging ich ohne von meinem Vater gesehen zu werden in die Nähe unserer Wohnung und sah dann meine Mutter und meine Geschwister. Ich gab ihnen zu verstehen, daß es mir gut ging."

„Nun, wie bist du an Geld herangekommen?"

„Ich habe es entweder von meiner Mutter bekommen oder habe gestohlen. Zusammen mit meinen Freunden fing ich im Alter von zehn Jahren an, Diebstähle zu begehen. Zuerst haben wir Zigaretten gestohlen. Der Grund dafür war, daß ich mich im Alter von sechs Jahren durch meinen Vater an das Rauchen gewöhnt hatte. Mein Vater sagte stolz: 'Mein Sohn raucht.' Danach haben wir Schokolade geklaut. Schließlich, als ich gerade dreizehn Jahre alt wurde, haben wir uns an Alkohol gewöhnt und haben Alkohol gestohlen."

„Erkan, seitdem ich dich kenne, habe ich beobachten können, daß Rauschgift und Heroin eine bedeutende Rolle in deinem täglichen Leben einnehmen, und daß du manchmal einen ganzen Tag damit verbringst, nach Heroin zu suchen. Wann hast du angefangen, Rauschgift zu nehmen?"

„Im Alter von fünfzehn Jahren habe ich auf der Hauptschule gelernt, Haschisch zu rauchen. Meine Freunde rauchten in den Pausen auf den Toiletten Haschisch. Eines Tages sagten sie: 'Zieh auch mal.' Das tat ich dann. Beim ersten Zug wurde mir schwindelig, und ich mußte mich übergeben. Beim zweiten Zug wurde ich berauscht; es gefiel mir. Gemeinsam mit meinen Freunden begann ich, zwei bis drei Joints am Tag zu rauchen."

„Wie seid ihr an das Haschisch herangekommen?"

„Die Freunde, die Haschisch in ihren Hosentaschen hatten, verkauften das Gramm für zehn Mark. Wir haben Geld zusammengeschmissen und so Haschisch gekauft. Wir haben auch herausbekommen, wer von uns von zu Hause aus Haschisch verkauft. Manchmal kauften wir es auch dort. Bis 1989 war ich ein richtiger Haschischraucher. Mit Leichtigkeit habe ich täglich zwei Gramm davon in die Nase gezogen oder es mit der Wasserpfeife geraucht. Es gab auch Zeiten, wo ich kiloweise Haschisch bei den Dealern gesehen habe, von denen wir unser Haschisch kauften. Meistens waren die Dealer Deutsche."

„Wenn man Haschisch raucht, beginnt man auch, es zu verkaufen, nicht wahr?"

„Ich war nur ein kleiner Dealer. Ich habe niemals große Mengen verkauft. Die Leute kauften nur für fünfzig oder hundert Mark ein. Beim Verkauf der Ware habe ich niemals selbst etwas in meine Tasche gesteckt. Ich bin sehr aufrichtig. Ich habe dem Dealer das Geld für die verkaufte Ware gegeben. Wenn ich zehn Gramm verkaufte, gab er mir zwei Gramm umsonst. So konnte ich meinen Tagesbedarf decken."

„Hast du gedealt, um selber Haschisch umsonst zu bekommen?"

„Ja, ich hatte selbst kein Geld, um es mir leisten zu können. Außerdem half ich so meinen Freunden, die auf Haschisch angewiesen waren. Das war doch nicht schlecht."

„Aber so hast du deine Freunde auch vergiftet."

„Natürlich habe ich sie 'vergiftet'. Ich habe mich jedoch auch 'vergiftet'. Wenn ich ihnen nicht geholfen hätte, hätten sie sich das Haschisch anderweitig besorgt. Dabei hätte man sie mit hunderprozentiger Garantie hereingelegt."

„Wie meinst du das ?"

„Käufer und Verkäufer beuten sich gegenseitig aus. Der Verkäufer bekommt viel Geld für wenig Ware. Er verkauft sie beispielsweise nicht zu dem Wert ihres tatsächlichen Gewichtes, sondern zu dem Wert, den er durch seine eigene Waage ermittelt. Dieser hat einen bestimmten Preis. Der kleine Dealer kauft zehn Gramm Haschisch für hundert Mark ein, macht darauf einen Zuschlag von hundert Prozent und verkauft es dann für das Doppelte."

„Es ist bekannt, daß der Stoff im Vergleich zu Deutschland in Holland billiger zu bekommen ist. Habt ihr es jemals von dort bezogen?"

„Vier bis fünf Mal. Damals mußte man noch ein Visum haben; die Grenzen waren geschlossen."

„Und jetzt?"

„Jetzt haben wir freien Lauf. Die Ware wird kiloweise eingeführt. Vorher wurde sie zwar auch eingeführt, aber das Geld bekamen die Deutschen. Die wurden an der Grenze nicht durchsucht. Jetzt gehört der Markt für Haschisch den Türken."

„Mich interessiert, wie du vom Haschisch zum Heroin umgestiegen bist. Könntest du das bitte näher erläutern?"

„Bis 1989 habe ich Haschisch genommen. Damals gab es auf dem Markt kein bißchen Heroin. Damit sich die Anzahl der Heroinabhängigen erhöht und der Markt sich vergrößert, wurde der Stoff aufgekauft. Plötzlich tauchten in unserer Umgebung Heroinhändler auf. Kinder im Alter von fünfzehn, sechzehn Jahren begannen, Heroin zu nehmen oder es zu verkaufen. Sie machten pro Person zehn- oder fünfzehntausend Mark. Aus diesem Grund wurden tonnenweise Heroin auf dem Markt abgesetzt. Heroinabhängige wurden zu Heroindealern. Mit Leichtigkeit zogen Freunde Heroin aus ihren Taschen wie Kleingeld und boten es mir an. Sie sagten: 'Probier du es auch.' Ich probierte es auch und wurde selbst zum Heroindealer."

„Wieviel Heroin kannst du täglich nehmen?"

„Das hängt von meiner finanziellen Lage ab. An manchen Tagen ein halbes Gramm, wenn ich Geld habe mehr."

„Wie nimmst du das Heroin?"

„Ich ziehe es durch die Nase mit Hilfe von Cellophanpapier. Manchmal spritze ich es mir auch ein."

Erkans Ehefrau, die blaß geworden ist, seit sie aus ihrem Dorf kam, sitzt in ihrem winzigen Zimmer und weiß nicht, was sie tun soll. Sie hat weder Geld, noch ein richtiges Haus, geschweige denn einen vernünftigen und ruhigen Ehemann, wie sie sagt. Nachdenklich hört sie Erkan zu. Sie schaut ihn an, als würde sie in einen Abgrund schauen. Wer weiß, was sie in diesem Zimmer im Dachgeschoß, das nur ein Fenster hat und erdrückend ist, denkt. Was sie auch bedrückt, ist die Tatsache, daß jeder darüber Bescheid weiß, daß ihr Ehemann ein Heroindealer ist. Dies wäre ihr lieber ein Familiengeheimnis gewesen. Ich wende mich erneut Erkan zu: „Nimmst du auch in diesem winzigen Zimmer Haschisch?"

„Wenn ich Ware habe, gehe ich auf die Toilette und nehme es dort ein. Wenn meine Frau dies bemerkt, verzieht sie sich in eine Ecke und weint. Sie sagt: 'Ach mein Vater, mein armer Vater! Wird dein Gesicht denn niemals lachen?' Der Schwiegervater hat einen

Sohn, den er nie zu Gesicht bekommt. Er hat zwei Schwiegersöhne; der in der Türkei ist Trinker, ich bin Heroindealer. Meine Frau liebt ihren Vater sehr. Am Telefon können sie kaum miteinander reden, sie weinen nur. Wir stehen uns nun gegenüber. Du bist auch kein Fremder mehr. Wenn ich lüge, soll sie es sagen. Ich bin niedergeschlagen. Ich habe keine Ruhe mehr, mit der Arbeit läuft es nicht so recht, und der Hausfrieden ist auch gestört. Meine Frau sagt: 'Wenn wir keine Kinder hätten, würde ich mich von dir scheiden lassen. Mein Gott, was werde ich noch alles erleben! Wenn ich gewußt hätte, daß mir all dies widerfahren würde, hätte ich nicht einen Mann aus Deutschland, sondern einen armen Dorfbewohner geheiratet.' Wir streiten uns. Sie fängt an, mich zu schlagen. Ich kann nicht grob reagieren und schubse sie weg. Ich sage: 'Laß mich in Ruhe.'"

„Gibst du viel Geld für Heroin aus?"

„Ich habe zwanzigtausend Mark Schulden. Dieses Geld habe ich für Heroin ausgegeben. Wenn ich jetzt zweitausend Mark hätte, würde ich erneut Stoff damit kaufen. Heute habe ich für hundertdreißig Mark ein Gramm gekauft. Im Augenblick habe ich nichts bei mir; ich habe es mit einem Freund aufgebraucht. Da ich nun keinen Stoff mehr habe, habe ich auch keinen Freund mehr. Er ist seinen eigenen Weg gegangen und ich meinen..."

„Wo hast du die hundertdreißig Mark hergenommen?"

„Ich habe meinen letzten Lohn von der Arbeitsstelle erhalten, wo mein Arbeitsverhältnis am Freitag gekündigt wurde. Ich habe es ohne Steuerabzüge erhalten. Zusammen waren es 1.930 Mark. Zweihundert Mark habe ich für die Miete ausgegeben, dann habe ich Besorgungen für die Wohnung für zwei Monate gemacht, übrig blieben 650 Mark. Damit komme ich drei Tage aus. Wenn ich Stoff kaufe und es dann verkaufe, komme ich ein paar Tage länger damit aus."

„Du verkaufst also auch Heroin?"

„Ich habe zehn Gramm eingekauft und den Stoff dann verkauft. Ich habe ihn anschreiben lassen, konnte das Geld dafür nicht eintreiben."

„Woher bekommst du den Stoff? Sind die Verkäufer Deutsche oder Türken?"

„Es sind Türken. Die Älteren treten nicht hervor. Es sind die Asylanten. Sie verkaufen ein Kilo Heroin innerhalb einer Woche. Diejenigen, die den Stoff auf den Straßen verkaufen, sind Marok-

kaner, Türken oder Jugoslawen. Jene, die den Stoff kiloweise
verkaufen, sind Bewunderer der PKK. Ich stand auch drei bis vier
Monate mit der PKK in Verbindung. Von ihnen habe ich ein
Gramm Heroin für siebzig Mark erhalten.
Wenn ich jetzt Heroin brauche, gehe ich zu denen, die es kilo-
weise verkaufen. Dazu brauche ich aber Geld, und die Polizei muß
mir vom Leib bleiben."
„Erkan, ist es sehr schwierig Heroin zu nehmen, ohne es zu ver-
kaufen?"
„Das ist es. Heroin verschlingt alle wertvollen Gegenstände, die
man besitzt."
„Was hast du verkauft?"
„Frag' mich nicht danach... Den Fernseher, die Stereoanlage, die
Kamera und den Schmuck von unserer Hochzeit. Ich habe meine
Bücher, die zehntausend Mark wert sind, für zweitausend Mark
verkauft. Darunter waren religiöse Bücher, Wörterbücher und
Enzyklopädien. Ich war sehr traurig darüber. Bei jedem Türkeibe-
such kaufte ich mir dort Bücher. Damals las ich sehr gerne."
„Was hast du noch zu verkaufen?"
„Ich habe nichts wertvolles mehr."
„Wenn du kein Geld für Heroin hast, was machst du dann?"   143
„Ich treffe mich mit Freunden. Wenn sie Stoff haben, geben sie
mir einen aus. Wenn einer beispielsweise etwas Stoff in seiner
Tasche hat, ziehen wir es gemeinsam durch die Nase und genießen
es. Wenn ich niemanden treffe, gehe ich zurück nach Hause. Was
kann ich sonst anderes tun. In diesem Alter kann ich sowieso nicht
mehr klauen gehen. Es gibt Zeiten, in denen meine Freunde
stehlen. In diesen Augenblicken betrete ich nicht einmal den
Laden; sie stehlen und ich warte draußen."
Erkans Leben dreht sich nur noch darum, Heroin aufzutreiben.
Sein ganzer Tagesrhythmus ist verschoben. Frühmorgens ist er
noch im Bett. Mittags um zwölf ist er auf den Beinen. Er trinkt
einen starken Tee, danach raucht er eine Zigarette und erneut treibt
er sich mit seinen blutunterlaufenen Augen und seinem zerzaustem
Haar auf den Straßen herum. Es ist die Zeit, Heroin zu nehmen. Er
krümmt sich wieder vor Schmerzen. Ich laufe mit ihm zur längsten
Straße der Umgebung. Er sucht nach Stoff, ich beobachte ihn. Wir
setzen uns in ein Café und beginnen mit dem zweiten Teil unserer
Konversation. Erkan erzählt, daß an den Haltestellen in Düsseldorf
und Duisburg große Mengen an Heroin verkauft werden:

„Die Fünf-Gramm-Kleindealer, die nie mehr als fünf Gramm in der Tasche haben, haben diese Orte umzingelt."

„Erkan, diese Fünf-Gramm-Kleindealer, wie du sagst, an wen verkaufen sie die meiste Ware?"

„An die, die neu heroinabhängig geworden sind, die neu auf den Geschmack gekommen sind, die gut mit der Familie auskommen, die Geld in den Taschen haben und an diejenigen, die sich erst jetzt an das Straßenleben gewöhnen. Unter ihnen gibt es türkische Jugendliche zwischen sechzehn, siebzehn Jahren. Naive Kinder."

„Kann man sich auf Heroinsüchtige verlassen? Du bist einer von ihnen und lebst unter ihnen, was sagst du dazu?"

„Wenn Heroinsüchtige reden, dann erzählen sie nur von positiven Dingen. Du würdest deinem Vater nicht vertrauen, aber ihnen. Doch sie denken nur an sich. Haben sie Geld, dann vergessen sie alles andere."

„Kann ich mich auf dich verlassen?"

„Ich möchte mich zwar loben, aber man kann sich auf keine meiner Verabredungen verlassen. Wenn ich die Wohnung verlasse, sage ich, daß ich zwei Stunden später wiederkomme, aber daraus werden fünf bis sechs Stunden. Wenn ich Geld bekomme, dann ist alles in Ordnung. Gib mir fünfzig Mark und sage mir, daß ich irgendeinen Gegenstand von hier mitnehmen soll, dann tue ich das."

„Was für einen Bekanntenkreis hast du?"

„Einen schlechten, mein Bekanntenkreis hat sich geändert. In meinem alten Bekanntenkreis hat niemand den anderen betrogen. Jetzt ist es genau das Gegenteil. Meine Bekannten sind Betrüger und nur auf ihren eigenen Vorteil bedacht. Ich habe seit Jahren einen Freund und vertraue ihm. Wir treffen uns im Park. Auf die Frage, ob er Stoff hat oder nicht, antwortet er, daß er guten Stoff hat und ihn sofort besorgen kann. Ich gebe ihm 250 Mark. Die Händler geben den Stoff nicht jedem, sie machen nur Geschäfte mit Bekannten. Er geht zum Händler, der hundert Meter weiter vom Park entfernt wartet und bekommt die Ware. Jedoch kommt er dann nicht zu mir, sondern haut ab. So sind nun mal die Dinge."

„Erkan, laß uns über deine Ehe sprechen. Wann und wie hast du geheiratet? Hast du deiner Frau vor eurer Hochzeit gesagt, daß du heroinsüchtig bist?"

„Damals war ich bereits sechs Monate heroinsüchtig. Um eine Veränderung herbeizuführen, bin ich in die Türkei gegangen, wo

144

ich drei Monate blieb. Während dieser Zeit habe ich meine Frau kennengelernt. Ich hatte keine Zeit, ihr zu erzählen, daß ich ein Heroinabhängiger bin, da wir innerhalb einer Woche geheiratet haben. Mein Wunsch war es, eine Familie zu gründen und vom Rauschgift wegzukommen. Wenn ich gewußt hätte, daß es mit mir so weit kommt, hätte ich nicht geheiratet. An meinem zweiten Hochzeitstag wurde mir ganz komisch. Ich befand mich in einer seelischen Krise. Tagsüber konnte ich nicht schlafen. Sie brachten mich zu einem Geistlichen. Dieser hat mich mit Zaubersprüchen behandelt. Diese hat er auf einen Zettel niedergeschrieben, den ich bei mir tragen mußte. Er gab mir auch ein Schmerzmittel. Als es mir besser ging, begann ich, mich für Religion zu interessieren, und ich betete. Zu der Zeit arbeitete ich in einer Lederfabrik in Mülheim. Ich ging zur Arbeit, kümmerte mich um die Wohnung und ging zur Moschee. Ich habe überall mal reingeschnuppert: Derwischorden, religiöse und nationale Gruppen. In der Zwischenzeit habe ich in Pollmann ein Kaffeehaus in einer Straße nahe bei meiner Wohnung eröffnet. Um Geld zu verdienen mußte ich an Glücksspielen teilnehmen. Ich setzte mich an Tische, an denen Spieler fehlten, und gewöhnte mich so an das Glücksspiel. Die Mehrheit der Glücksspieler war heroinabhängig. Sie haben mir den Stoff auch angeboten. Somit habe ich erneut angefangen, Heroin zu nehmen. Als ob die Heroinsüchtigen es gerochen hätten, fingen sie an, sich in dem Kaffeehaus zu treffen. In kürzester Zeit wurde dieser Ort zum Handelszentrum für Heroin. Um dieses Kaffeehaus loszuwerden, habe ich es jemand anderem übertragen. Ich habe weiterhin Heroin genommen, und die Glücksspielgewohnheit ist auch geblieben."

„Was soll aus dir werden? Wie siehst du deine Zukunft?"

„Ich habe mich noch nicht aufgegeben. Ich hoffe, daß es mir besser gehen wird. Wenn ich doch nur vom Heroin loskommen könnte. Ich schließe mich zu Hause ein und verlasse die Wohnung zwei bis drei Tage nicht. Wenn ich in die Stadt gehe, finde ich plötzlich überall Stoff, obwohl ich das gar nicht möchte. Es kommt einer, klopft mir auf die Schulter und sagt: 'Ich habe Stoff in meiner Tasche.' Ich kann nicht widerstehen. In dem Glauben, daß es das letzte Mal ist, nehm' ich es nochmals. Es ist immer das gleiche."

Erkan durchsucht die Gegend nach Stoff und kann den Grund dafür nicht nennen, warum er dieser Welt des Rauschmittels nicht entfliehen kann. Er erinnert sich an die Tage vor der Zeit, als er Heroin nahm und an seine damaligen Freunde. Er ist in sich verschlossen, er ist innerlich bewegt, seine Augen sind voller Tränen. Er sagt, daß er sich keiner Therapie unterziehen wird und begründet es damit, daß er es nicht für nötig hält. Erkan stellt sich folgendes vor:

„Ich sage mir, du befindest dich in diesem Schlamassel, nimmst Heroin.

Wenn es dir möglich ist, dann mach etwas Geld mit dem Heroinhandel und kehre dann zurück in die Türkei."

Auf die Frage, ob er wirklich auf diesem Weg an Geld herankommen will, bekomme ich eine interessante Antwort:

„Ich habe außer den Mafia-Bossen keinen anderen gesehen, der auf diese Weise sein Geld gemacht hat. Ich habe Angst."

Erkan schaut mich traurig an. Draußen ist es dunkel geworden. Es regnet. Das Quietschen der Straßenbahn, die an dem Café vorbeifährt, klingt unangenehm in unseren Ohren. Das Café schließt. Ich frage Erkan, wann er das letzte Mal Heroin genommen hat.

„Vor zwei Tagen. Wenn ich heute welches finde, sage ich nicht 'nein'. Ich werde jetzt den Gang einlegen und versuchen, meine Freunde zu finden. Wenn sie Stoff haben, werden sie es mir geben."

Ich bin mit Erkan wieder auf der Straße.

„Wie fühlst du dich jetzt?"

„Als ob eine Tonne Last von mir gefallen wäre. Ich habe diese Sachen nicht mal meiner Frau erzählt, damit sie nicht traurig wird."

„Wen machst du für deine Lebensweise verantwortlich?"

„Mich selbst."

„Erkan, wir haben uns lange unterhalten und trennen uns jetzt. Vielleicht möchtest du zum Abschluß noch etwas sagen?"

„Tja... laß bloß die Finger von Rauschgift."

AHMET SEFA

BIOGRAPHIE

Geboren 1954 in Adana

Nach Beendigung des
Gymnasiums, Studium
an der Universität Ankara
Wegen politischer Verfolgung
Unterbrechung des Studiums
im Jahr 1980

Lebt seit 1984 als politischer
Flüchtling in den Niederlanden

Schreibt in türkischer Sprache

Mitglied im Literaturkreis
Türkischer Schriftsteller in NRW

ÖZGEÇMİŞ

1954'de Adana'da doğdu
Liseyi Adana'da bitirdikten
sonra, Ankara Üniversitesinde
yüksek öğrenime başladı
1980 yılında Üniversiteyi son
sınıfta bıraktı

1984 yılından beri Hollanda'da
siyasi göçmen olarak yaşıyor

Türkçe yazıyor

Kuzey Ren Vestfalya Türkiyeli
Yazarlar çalışma Grubu üyesi

BIBLIOGRAPHIE

Sevmeyi Bilmek
Kurzgeschichten
Memleket Publikationen
İstanbul 1987

Kargaşa
Kurzgeschichten
Yabanel Publikationen
Berlin 1988

Oğlumun Güncesinden Öyküler I
Kurzgeschichten
Gerçek Sanat Publikationen
İstanbul 1989

Lavrion Öyküleri
Kurzgeschichten
Belge Publikationen
İstanbul 1990

150   Oğlumun Güncesinden Öyküler II
Kurzgeschichten
Belge Publikationen
İstanbul 1994

Niederländische Übersetzungen:
Dagboek von mijn zoon
Chaos

YAPITLARI

Sevmeyi Bilmek
Öyküler
Memleket Yayınları
İstanbul 1987

Kargaşa
Öyküler
Yabanel Yayınları
Berlin 1988

Oğlumun Güncesinden
Öyküler I
Gerçek Sanat Yayınları
İstanbul 1989

Lavrion Öyküleri
Belge Yayınları
İstanbul 1990

Oğlumun Güncesinden
Öyküler II
Belge Yayınları
İstanbul 1994

Flamanca'ya çevrilen yapıtları:
Oğlumun Güncesinden
Öyküler I
Sevmeyi Bilmek
Kargaşa

POLİS GELİYOR

„Baba, polis geliyor!"
Elimi tutmuştu. Sıkıyordu olanca gücüyle. Saklanmak ister gibi
yanaştı. Korkuyla dolanıyordu mucuk gözleri.
Gülme sesimi duyunca ellerini gevşetti. Kendi de gülmeye çalıştı.
Polis otosu önümüzdeki caddeden geçiyordu.
„Baba, işte polis, geçiyor bak!"
Heyecanlıydı gene. Bir tepki bekledi benden. Belki de kaçmamı,
saklanmamı!
„Olsun oğlum," dedim. „Geçerse geçsin. Geziyorlar. Biz nasıl
yürüyorsak, geziyorsak, onlar da arabalarıyla geziyor."
„Ama baba, yakalamazlar mı seni? Görmedin mi baktılar bize!"
„Bize değil Özmen, çevreye bakıyorlar. Sen öyle sanmışsındır!"
Her zaman böyleydi. Polisleri uzaktan da görse, hemen bağırır,
saklanmaya çalışırdı. Benim saklanmamı, kaçmamı ister gibi de
çekiştirirdi. Ellerimi sıkıca tutar, korumaya çalışırdı.
Kaldırımda yürüyorduk. Mahalle otobüsünü bekleyecektik du-
rakta. Yanımızdan insanlar, önümüzden arabalar gelip geçiyordu.
Özmen'in gözleri hep caddedeydi. Unuttu sandım polisleri. Otobüs
durağına vardığımızda gene söylendi:
„Baba, buradaki polislerin tabancaları nerelerinde? Hani, o
omuzlarına astıkları koca silahları görünmüyor, saklıyorlar mı?"
„Yok," dedim „bunlarda silah yok. Bazen taşıyorlar."
Rahatlar gibi olmuştu. Anlatmak zordu. İki yıl önce, ülkedeki
konuşmalarımız, çekingenliğimiz, henüz üç yaşındayken duyduk-
ları şuuraltına yer etmişti. Açığa çıkıyordu şimdi. Bir korkuyla,
babasını koruma isteğiyle allak bullaktı benliği. Hep, bir şey ola-
cak, babası yakalanacak, yalnız kalacak kuşkusu vardı. Ayrımında
olmadığı bir tedirginlik yaşıyordu her an. Yanıtımla rahatlar gibi
olmasına karşın elimi küçücük avuçlarında hızla sıkışından hu-
zursuz olduğunu anladım. Az sonra konuştu:
„Baba, niye yakalamıyorlar seni? Bunlar iyi polis he mi? Hem
silahları da yok. Türkiye'dekilerin var. Kocaman. Benim boyum-
dan büyük ya!" Sözlerini desteklememi bekler gibi bakındı. Ne
söyleyeceğimi düşünürken köşeden otobüs göründü. Otobüsün
içinde aynı sınıftan bir arkadaşı vardı. Onun yanına gitti hemen.

Çeşitli düşüncelerle çocukları seyretmeye başladım. Oyuna başlayacaklardı. Ne oynayalım tartışmalarından sonra, Wendi'nin diretmesine rağmen Özmen'in dediği olmuştu. Hırsız polis oynamaya başladılar.

Oturdukları yerde oğlum polis, Wendi hırsız olmuştu. İşaretle baş parmağını silah yapmış Wendi'yi tutuklamıştı. Arkadaşının sıkıca tuttuğu kolunu hırsla sıkarak, silahını arasıra kafasına vurarak onu karakola götürüyordu.

ANGST

„Vati, da ist die Polizei!"

Er griff meine Hand und kniff sie mit aller Macht. Er drückte sich fest an mich, als wenn er sich verstecken wollte. In seinen Augen stand die helle Angst. Als er mich lachen hörte, lockerte sich sein Griff. Er versuchte, ebenfalls zu lachen. Die Polizeistreife durchquerte die Straße und fuhr weiter. Sie fuhr im gleichen Tempo wie die anderen Fahrzeuge.

„Vati, schau, da kommt wieder einer." Wieder war er entsetzt. Er wartete auf meine Reaktion. Er meinte, ich würde davonlaufen und mich verbergen.

„Es ist nichts weiter, Özmen. Laß sie nur ruhig vorbeifahren. Sie fahren nur umher, genauso wie wir, wenn wir spazierengehen."

„Aber, dann wirst du nicht festgenommen? Hast du denn nicht gesehen, wie sie uns angeschaut haben?"

„Sie haben uns nicht angeschaut, Özmen, das bildest du dir nur ein."

So ging das immer. Wenn er auch nur in der Ferne eine Polizeistreife erblickte, versuchte er, sich zu verstecken und griff nach meiner Hand, um mich mitzuzerren.

Wir gingen zur Haltestelle in unserer Straße. Fußgänger und Fahrzeuge zogen an uns vorbei. Özmens Augen waren ständig auf die Straße gerichtet. Ich glaubte schon, er habe die Polizei vergessen, aber an der Haltestelle sagte er: „Wo haben denn die Polizisten hier ihre Gewehre? Du weißt schon, die großen Waffen, die sie um ihre Schultern tragen. Die sieht man hier nicht. Haben sie die denn versteckt?"

„Aber nein", sage ich. „Diese Polizisten tragen keine Waffen. Sie tragen sie fast nie."

Es schien, als hätte er sich beruhigt. Vor zwei Jahren in der Türkei war er immer dabei gewesen, wenn wir über solche Sachen sprachen. Unsere Angst hatte er aus unseren Gesprächen mitbekommen, obwohl er damals erst drei Jahre alt war. Jetzt kam seine eigene Angst wieder hervor. An der Art, wie er in meine Hand kniff, spürte ich, daß ihn doch noch etwas bedrückte. Er fing selbst an, davon zu sprechen. „Vati, wieso wirst du hier nicht festgenommen? Hier sind die Polizisten nett, stimmt das? Und Waffen haben sie auch nicht. Aber in der Türkei schon, richtig große, fast so groß wie ich bin." Er sah mich an, als erwarte er meine Bestätigung. Während ich über seine Worte nachdachte, kam der Autobus.

Im Bus saß eine Freundin aus seiner Klasse. Er ging zu ihr. Ich sah den Kindern zu. Nachdem sie sich ein wenig darüber gezankt hatten, was sie spielen wollten, gab das Mädchen Özmen nach. Sie spielten 'Räuber und Gendarm.' Daumen und Zeigefinger wurden zum Gewehr, mit dem er sie in Schach hielt. Er hatte sie verhaftet und führte sie zum Polizeirevier. Er kniff sie fest in den Arm, und ab und zu schlug er sie mit seiner Waffe auf den Kopf.

„Baba, bu Ayşe nasıl çocuk? Hiç oynamıyor bizle!"
On yaşına girmişti Ayşe. Geçen yıl çıtı pıtı mahallede koşturan kız, bu yıl başörtüsü takmaya başlamıştı. Artık kafası yerde gidip geliyordu okula. Kara gözlerini türbanın altında fıldır fıldır görüyordum her keresinde. Yaşıtı çocuklar meydanda çığlıklar atarak, kısa şortlarla koşarken, o, bazen evin kapısına çıkıyor, gıptayla bakınıyordu. Anasının çimdikleyerek içeri aldığını görmüştüm bir kez. Evlerinin önünden geçerken yalvaran ince çocuk çığlıkları da duymuştum.
„Haa baba, Ayşe niye konuşmuyor bizle?"
Özmen sorarken ben Ayşe'yi düşünüyordum. Kuran kursuna başladığından bu yana da çocuk özleminin en acınası bakışlarını yakalıyordum. Yaşıtı erkekler, kızlar şakalaşırken çevresine belli etmemeye çalışarak güldüğünü, otobüste oturacak yer olduğu halde çocuklara yakın olmak için onların yan taraflarında ayakta durduğunu görüyordum.   155
„Baba, niye konuşmuyorsun benimle?"
„Konuşuyorum oğlum."
„Ne sordum, anladın mı?"
„Anladım oğlum. Belki Ayşe'nin oynamaya zamanı yoktur diye düşünüyordum."
„Ama sen yoktun birinde. Bisikletin peşine koştu bizim gibi. Babasını görünce hemen eve kaçtı."
„Belki hata yapmıştı size!"
„Yoook. Muhammet, babam geliyor diye bağırdı da ondan."
„Onlar kaçmadı mı?"
„Kaçmadı. Yalnız Ayşe kaçtı."
Evin durağına yaklaşmıştık. Dışarı baktım. Yağmur dinmişti. Otobüsten indiğimizde kızlı erkekli çocukların sevinç çığlıklarıyla koşuştuğunu gördük. Yan yana, iç içe, çocuksu sevinçleriyle, coşkunlukla hoplaşıyorlardı. Ayşe'yle kardeşleri de okuldan dönmüşler evlerine doğru gidiyorlardı.
Özmen hemen elimi bırakarak katıldı onlara. Muhammetle Abdurrahim de daldı aralarına. Koşuşanlara baka baka eve giren Ayşe'yi gözledim yürürken. Tek katlı yer evlerinin büyük pence-

resine suratını dayamıştı girer girmez. Kara gözleri özlemle, irice açılmış, başörtüsü omuzlarına düşmüştü. Çocuklar da pencerenin önüne gelmişlerdi oynaşırken. Ayşe'nin geçen yılki arkadaşlarından Jessica, onu görmüş, işaretlerle, gel diye çağırmaya başlamıştı. Suratını cama iyice yapıştıran çocuk, bembeyaz dişlerini gösterircesine gülerken, iki kara elin, kıvırcık saçlara yapıştığını gördüm. Çocuklar da şaşkınlıkla, korkuyla bakınmaya başlamışlardı. Acıyla kapanan küçük dudakların içindeki beyaz dişler, kapanan perdeyle birlikte görünmez olurken, dokuz yaşındaki Jessica oyunu bırakan çocuklarla beraber ağlayacak biçimde, eli ayağı tutulmuşcasına duruyordu.

AYŞES AUGEN

Wir saßen im Bus und fuhren nach Hause. „Vati, was für ein Kind ist Ayşe? Sie spielt nie mit uns." Ayşe war gerade zehn Jahre alt. Das Mädchen, das letztes Jahr noch lustig durch die Gegend rannte, trug seit kurzem ein Kopftuch. Seitdem ging sie mit gesenktem Kopf zur Schule und wieder nach Hause.

„Hey, Vati, warum spricht Ayşe nicht mit uns?" Seit sie Koran-kurse besuchte, hatte sie sich verändert. Sie sah den anderen Kindern beim Toben zu, selber machte sie nicht mehr mit.

„Vati, ich hab' was gefragt!"

„Ja, Ja."

„Hast du meine Frage gehört?"

„Aber sicher, mir fällt gerade ein, daß Ayşe vielleicht keine Zeit hat, mit euch zu spielen."

„Aber nein! Neulich rannte sie wie wir alle hinter den Fahrrädern her. Als sie dann ihren Vater sah, verschwand sie sofort im Haus."

„Vielleicht hatte sie etwas ausgefressen."

„Nein, nein! Muhammet rief Ayşe zu, daß ihr Vater kommt, und weg war sie."

„Und die Jungen spielten einfach weiter?"

„Ja, Ayşe war die einzige, die wegrannte."

Der Bus hielt an der Haltestelle, an der wir aussteigen mußten. Wir sahen die Kinder, die aus der Schule kamen. Auch Ayşe und ihre Brüder kamen aus der Schule. Ayşe huschte schnell an den spielenden Kindern vorbei und verschwand im Haus. Sie stellte sich hinter das Fenster und drückte ihre Nase an die Scheibe. Ihr Kopftuch war halb auf ihre Schulter gerutscht. Jessica, früher eine der besten Freundinnen Ayşes, rief zu ihr hinauf. Ayşe lachte. Plötzlich griffen zwei dunkle Hände ihre Locken. Ayşes Zähne verschwanden hinter ihren zusammengepressten Lippen. Erschrocken sahen die Kinder, wie die Gardinen ruckartig zugezogen wurden.

BENİ ÖPEBİLİR Mİ

Soyundu yanımızda. Alışkındı. Çekinmezdi. Banyoya girecekti. Külotunu da çıkarmaya başladı. O sıra evde bulunan konuğumuz işaret parmağını uzatarak bağırdı:
„Aaa Özmen, ayıp, kuşun görünüyor!"
Şaşırdı çocuk! Ne yapacağını bilemedi. Neydi ayıp olan? Anlayamadı. Arkadaş şaka yapmıştı sözde. Özmen geri çekti külotunu. Durdu bir süre. Şaşkınlığını görünce müdahale ettim. Şaka olduğunu belirtmek ister gibi güldüm. Sonra, „Olur," dedim „niye ayıp olacakmış. Haydi oğlum, çekinme soyun. Amcan şaka yaptı." Bir şey demedi. Çıkarmadı külotunu. Girdi banyoya. Banyonun kapısını da örttü ilk kez. Banyo bitiminde, giyindikten sonra, arkadaşım Özmen'le konuşmaya başladı:
„Özmen, nasılsın, sevgilin var mı? Onla şaapıyor musun?"
Çocuğun usu karıştı. Bazı konuklar önce, okula gidiyor musun, derslerin, arkadaşların nasıl, diye sorarlardı. Bu tür sorularıysa belki dışarda çok duymuştu. Ama, ilk kez evde doğrudan sorulmuştu. Yarı gülümsemeli olarak çekik gözlerini açtı. Omuzunu, ne bileyim der-cesine kastı. O anda içinden geçen karışıklığı anlamış gibiydim. Sürekli duyduğu, sevgi, ayıp değil, çocuksun sözcüklerinin karşıtı söylenmişti. Hem de olmadık biçimde. Aniden. Bu duyduklarında çelişki vardı. Ayıp, ayıp değil, sevgili, şaapmak!
Uyarımla konuk sözünü kesti. Az oturduktan sonra da gitti. Başka gün Özmen,
„Baba," dedi „ben Saskia'ya aşığım. Hani biliyorsun ya, bizim sınıfta!"
„Hımm! Tanıyorum elbette. O da sana aşık mı oğlum?"
„Tabii. O söyledi bana. Ben de ona aşıkmışım. Öyle dedi."
Tertemiz duygulardı bunlar. İçten. Sıcak.
„Biliyor musun, beni öptü yanağımdan."
Biraz utandı bunları derken. Devam etti sözlerine:
„Öpebilir, değil mi?"
„Tabi oğlum. Ama zorla olmaz. Gönüllü. Sen istersen."
„Ben de öpebilirim değil mi?"
„O da isterse."

Düşündü düşündü.

„Baba," dedi „o benim sevgilim mi şimdi?"

„Bilmem ama, daha çok küçüksünüz böyle şeylere."

Duraksadı bir an. Konuğumuzun geçenlerde sorduğu soruyu anımsamıştı. „Eee", dedi. Sorup sormamak arası bir kararsızlık geçirdikten sonra.

„Murat amcam, sevgilin var mı, onla şaapıyor musun, demişti. Şaapmak ne idi baba?"

DARF SIE MICH KÜSSEN?

Als Özmen ins Bad sollte, war Onkel Murat gerade zu Besuch. In unserer Anwesenheit zog er sich aus. Er schämte sich seiner nicht. Er zog seine Unterhose aus und Onkel Murat sagte: „Pfui Teufel, Özmen, da kann ich aber dein Pimmelchen sehen!"
Özmen war verwirrt. Warum schimpfte Onkel Murat denn mit ihm? Als ich seine Verwirrung bemerkte, griff ich ein. Ich lachte und sagte: „Mach ruhig weiter, du brauchst dich nicht zu genieren. Ziehe dich nur aus. Onkel Murat macht doch nur Spaß."
Özmen schwieg. Er zog seine Unterwäsche nicht aus. Er ging in das Badezimmer und verschloß zum ersten Mal die Tür. Als er gebadet hatte, sprach Murat wieder mit ihm:
„Özmen, hast du schon eine kleine Freundin? Schmust ihr auch manchmal?"
Özmen war fassungslos. Leute, die uns besuchten, fragten, wie es in der Schule läuft und ob er Kumpane hat, nicht aber diese Art Fragen. Darauf war er nicht gefaßt. Er lächelte matt und machte große Augen. Er antwortete nicht, zuckte nur mit den Schultern. Ich sah, daß er ziemlich durcheinander war. Onkel Murat hatte etwas gesagt, mit dem er nichts anzufangen wußte. Ich habe versucht, Özmen ganz unverkrampft zu erziehen und dann so etwas! Murat schwieg auf eine Geste von mir und ging kurz darauf.
Nach einigen Tagen sagte Özmen:
„Vati, ich habe mich in Saskia verliebt. Du kennst sie doch? Sie ist in meiner Klasse."
„Ja, sicher kenne ich sie. Ist sie auch in dich verliebt?"
„Na klar, ich liebe sie und sie liebt mich, das hat sie selbst gesagt. Und weißt du, sie hat mich geküßt. Genau auf meine Wange." Nachdem er das gesagt hatte, genierte er sich ein wenig.
„Sie darf mich doch küssen?"
„Ja, natürlich darf sie das. Aber nur, wenn du das auch möchtest."
„Und darf ich sie dann auch küssen?"
„Wenn sie das möchte."
Özmen dachte nach. „Vati, ist sie nun mein Liebchen?"
„Also, das weiß ich nicht. Ich denke, ihr seid für diese Sachen noch etwas zu jung."

Özmen zögerte. Vielleicht dachte er an das, was Onkel Murat vor einigen Tagen zu ihm gesagt hatte. „Hmm", sagte er schließlich, „Onkel Murat hat neulich gefragt, ob ich eine Freundin hätte und ob wir auch schmusen würden. Was ist das, Vati, 'schmusen'?"

KİM EŞŞOĞLUEŞEK

Hakkı amcası fank fink fonk yaptı Özmen'e. Karate yapalım haydi, diye bir iki vurdu şakayla. Çocuk durur mu? Hemen saldırdı. Didiştiler. İtiştiler. Az sonra yoruldu Hakkı.
"Tamam," dedi "ben yoruldum, bitti."
Dinlemedi Özmen, saldırdı. Vurdu. Oyunu başlatmıştı amcası. Hemen de bırakmıştı. Kızdı çocuk. Bırakır gibi oldu. Az sonra da arkadan bir tekme attı. Canı yanan Hakkı bozuntuya vermeden, zorla gülümsemeye çalışarak bağırdı:
"Vay eşek seni. Seni eşşoğlueşek seni."
Özmen güldü. Şakayla söylenmişti. Yeniden saldırdı. Kendini tutamayan Hakkı, canını acıtırcasına bir çimdik attı. Bu kez Özmen bağırdı:
"Canımı acıtmasana eşşoğlueşek."
Hakkı, şaşkınca ellerini açtı.
"Şuna bak sen!" dedi. "Ne terbiyesiz olmuşsun böyle! Büyüklere küfür edilir mi?"
Özmen şakanın dozunu ayarlayamadığından yanıt verdi.
"Niye edilmesinmiş?"
Amcası iyice şaşırdı! Kafeteryanın içinde, öteki masada oturan Necati'ye, ne biçim çocuk, dercesine kaş göz oynattı. O zaman, ne kadar büyük olduğunu göstermek istercesine, azarlar gibi söylendi:
"Söyle bakalım, nerden öğreniyorsun bu pis lafları? Ayıp değil mi?"
Azarlandığını anlayan Özmen'in suratı asıldı. Bana baktı. İki masa ötede oturuyordum.
Görmemişliğe geliyordum onları seyrederken. İlgilenmediğimi sanınca yardım ister gibi Necati amcasına baktı. O da, bir daha deme, dercesine parmağını oynatıyordu sağa sola doğru.
Çocuk umarsız kalınca dudaklarını ağlatırcasına sarkıtarak,
"Amca amca, sen demedin mi bana eşşoğlueşek diye?"
"Ben mi? Ee... Ben dedim ama çocuklar demez."
"Ama niye demezmiş"
"Çünkü kötü sözler bunlar. Bir daha duymayayım."
"Ama büyükler niye söylüyor bize? Necati amcam da bazen kızdığı zaman değil de severken söylüyor."

Hakkı sıkıldı. Yanlışını açıklar diye bekliyordum. Tersini yaptı. Sertçe:

„Amaan Özmen, şımardın haa. Kapat çeneni bakayım. Çocuklar terbiyesiz sözler söylemez dedim sana. Haydi otur akıllı akıllı." Ağlamaya başladı Özmen. Anlayamamıştı. Baba, diyerek yanıma gelirken Hakkı, Necati'ye anlatıyordu:

„Küçük müçük de olsalar yüz vermeyeceksin zamane çocuklarına. Ne terbiyesiz şeyler be..."

DU DUMMER ESEL!

In der Cafeteria machte Onkel Hakkı einen Scheinangriff auf Özmen. „Also los jetzt, Karate!" sagte er. Er erteilte ihm scherzend einige Schläge. Sie holten aus und schlugen einander. Bis Onkel Hakkı sagte: „Genug jetzt, ich bin müde." Özmen hörte nicht. Er griff wieder an. Onkel Hakkı war verärgert, ließ sich aber nichts anmerken. Özmen schubste ihn in den Rücken. Das tat weh, und Onkel Hakkı sagte: „Allmächtiger, du dummer Esel!" Özmen lachte, hörte aber nicht auf. Onkel Hakkı kniff ihn und Özmen rief: „Du sollst mir nicht weh tun, du dummer Esel!"

„Na, na! Höre mal wie frech du bist! Darfst du denn die Erwachsenen beschimpfen?"

Noch immer wollte Özmen nicht aufhören und antwortete: „Warum nicht?"

Onkel Hakkı war entsetzt. Er sah Onkel Necati an, der am benachbarten Tisch saß. Er zog die Augenbrauen zusammen als wollte er sagen, was das denn für Sitten seien. „Sag mal, wo lernst du solche Sachen, hast du denn keine Manieren?" fragte er Özmen.

„Aber Onkel, du hast mich doch eben auch einen dummen Esel genannt."

„Ich? Also... zwar mag ich das gesagt haben, aber Kinder dürfen so etwas nicht sagen."

„Aber warum nicht?"

„Weil es häßliche Worte sind. Das ich sie ja nicht wieder höre!"

„Die Erwachsenen sagen solche Sachen aber doch zu uns", versuchte Özmen es noch einmal. „Onkel Necati sagt solche Sachen öfters als Witz."

Ich erwartete, daß Hakkı seinen Fehler jetzt eingestehen würde, aber nichts von dem. Er sagte nur: „Halt den Mund! Ich sagte doch, Kinder sollen keine häßlichen Sachen sagen. Setz dich, sei klug und benimm dich."

Özmen fing an zu weinen. Er verstand nicht, was vor sich ging. Er kam zu mir, während Onkel Hakkı zu Onkel Necati sagte: „Auch wenn sie noch so klein sind, man sollte die Kinder heutzutage kurz halten. Sie können sehr unhöflich sein."

HALİT ÜNAL

BIOGRAPHIE

Geboren 1951 in Zara

Nach der Volks- und
Mittelschulausbildung Umzug
nach Istanbul

Berufsausbildung in Istanbul

Lebt seit 1971 in der
Bundesrepublik Deutschland

Ausbildung zum Elektro-
techniker, später Studium
der Sozialarbeit

1977 bis 1990 Sozialberater für
ausländische Arbeitnehmer

Seit Januar 1992 in der
Erwachsenenbildung tätig

Schreibt in deutscher Sprache

Mitglied des VS und
des Literaturkreises Türkischer
Schriftsteller in NRW

ÖZGEÇMİŞ

1951'de Zara'da doğdu

İlk ve Ortaokul öğreniminden
sonra İstanbul'a göçtü

Sultanahmet Sanat Enstitüsünü
bitirdi

1971 yılından beri Federal
Almanya'da yaşıyor

Elektroteknik, daha sonra
Sosyal İşler Uzmanlığı
öğrenimi yaptı

1977 - 1990 yılları arasında
Sosyaldanışman'lık görevinde
bulundu

1992 yılından beri pedagog
olarak çalışıyor

Almanca yazıyor

Alman Yazarlar Birliği ve
Kuzey Ren Vestfalya Türkiyeli
Yazarlar Çalışma Grubu üyesi

BIBLIOGRAPHIE

Sieh mich an
Gedichtband
Türkisch/Deutsch
Ortadoğu Verlag
Oberhausen 1986

Der Mond umkreist die Nacht
Erzählung
Ortadoğu Verlag
Oberhausen 1988

Die Vernehmung oder die
bestrafte Liebe der Klawdja B.
Erzählung
Pendragon Verlag
Bielefeld 1992

Der Weg ins Ungewisse
Kurzgeschichten und Gedichte
Ortadoğu Verlag
Oberhausen 1994

Mehrere Veröffentlichungen in
Anthologien bei Suhrkamp,
Rowohlt, Scherz, DTV etc.

YAPITLARI

Beni İki Gözünle Gör
Sieh mich an
Şiirler
Türkçe/Almanca
Ortadoğu Yayınevi
Oberhausen 1986

Ay Dolanır Geceyi
Der Mond umkreist die Nacht
Uzunöykü
Ortadoğu Yayınevi
Oberhausen 1988

Klawdja B.'nin Yasak Aşkı
Die Vernehmung oder die
bestrafte Liebe der Klawdja B.
Uzunöykü
Pendragon Yayınevi
Bielefeld 1992

Bilinmezliğe Giden Yol
Der Weg ins Ungewisse
Öyküler ve Şiirler
Ortadoğu Yayınevi
Oberhausen 1994

Suhrkamp, Rowohlt, Scherz,
DTV gibi yayınevlerinde çıkan
antolojilerde bir çok öykü ve
şiirleri yayınlandı

SABAH

Saat dokuza on var
taze çay kokusu kıyı kahvelerinde
her eve bir deniz taşır postacı
güneş satar köşede manav
yani her şey güzel
herşey yerli yerinde
bilemezsiniz
aklımdan neler geçer
içimdeki şu keşmekeş olmasa.

MORGENTAU

Es ist zehn vor neun
nach frischem Tee duften die Cafés am Ufer
ein ganzes Meer trägt der Postbote in jedes Haus
der Obsthändler verkauft Sonne an der Ecke
das heißt
alles ist in bester Ordnung
alles an seiner Stelle
das heißt
alles ist schön
an diesem Morgen

Doch wenn Ihr wüßtet
was mir durch die Seele geht
wie es in mir aussieht

YİNELEME

Yaprak yaprak dökülüyor işte yine sonbahar
sokaklarda işte yine sapsarı bir sessizlik
penceremin ötesinde gün savruluyor.

Oysa ben sonbaharları
ele avuca sığmaz bilirdim
güneş toplar ağaçlardan
kurutup kitabıma koyardım.

Ama bugün
bu sonbahar çok korkak
üşüyor güneş
sığınıyor bulutların ardına.

WIEDERHOLUNG

Blatt für Blatt fällt der Herbst
gelbe Schweigsamkeit herrscht in den Gassen
hinter meinem Fenster weht das Leben
Launisch hatte ich ihn in Erinnerung
ich pflückte Sonne von den Zweigen
legte sie zwischen die Seiten meiner Bücher

Dieser Herbst
scheint furchtsamer
die Sonne friert
sucht Wärme
hinter den Wolken

KLAWDJA B.'NİN YASAK AŞKI
(Alıntı. Türkçesi: Zeynep Hersmen)

Zabıt katibi yazdığı son tümceyi okudu.

„Konuyla ilgili olarak: ...“ Bu sırada sol elinin işaret parmağıyla daktilonun büyük harf tuşuna bastı, sağ eliyle de iki nokta üst üste işaretine. Sonra, etli dudaklarının arasından adeta tıslar gibi çıkardığı duyulur duyulmaz bir sesle, sözcükleri heceleyerek okumaya devam etti: „Ne...den sor...gu...lan...dığım ba...na a...çık...lan...dı. Yal...nız...ca doğru...yu söy...le...mem ih...tar e...dil...di. Doğruyu söyleyeceğime söz veririm. Herford'daki S. mobilya fabrikasının ortaklarından birinin oğlu olan Alman askeri Erwin tarafından hamile bırakıldığım suçlamasını kabul ediyorum. Hamileliğim ikinci ayındadır. Bu konuyla ilgili olarak şunları ekleyebilirim ...“

Klawdja'nın ağzından tek sözcük çıkmıyordu. Gerçekte neyin yaşandığını anlayabilecek, insanca düşünceleri kıt bu kişilerin, söyleyip yazdıkları hiç bir şeyi duymuyor gibiydi.

Susuyordu. Ama, kimse inanmasa da, kalbini verdiği kişiye duyduğu aşkın kendisine bu şekilde anımsatılması onu yaralamıştı. Çünkü kamp yöneticisi ifadesinde, Erwin'in doğulu kadın işçi Klawdja ile buluştuğunu hiç görmediğini söylemişti. Ayrıca, Klawdja'nın kampı terk edip etmediği ve eğer terk ettiyse, bunu ne zaman gerçekleştirdiği konusunda da bir fikri yoktu. Yönetici, Erwin'in Klawdja ile ilişkisine dair doğrudan kanıt teşkil edebilecek bir şey görmemişti. O, bu ilişkiyi sadece duymuştu.

Erwin'in adı tutanağa geçerken, Klawdja, o anda yaşadıklarının aslında gerçek olmadığını düşünüyordu; kısa ya da uzunca bir süre sonra sona erecek bir rüyadaydı sanki. Bu düşüncelerle, ayrımında olmadan elleriyle karnını tuttu, çocuğunun başını okşar gibi, karnını okşadı. Sonra, ellerinin altında hissettiği şeyin, ondan alınmasını engellemek ister gibi, karnını daha sıkı, daha sıkı tuttu.

„Amacın neydi, ha?“ diye sordu başmüfettiş.

Klawdja'nın, seyrek de olsa, ağzından çıkan birkaç sözcüğü diline doluyor, kaba şakalar yapıyordu başmüfettiş. Sorgulama odasında bulunan öbürleriyle sohbete dalıp bir önceki sorusunu unutuyor, sorgu uzayıp gidiyordu.

„Bir daha anlat! Nasıl oldu?"

Başmüfettiş, olayı kendi sözleriyle her ifade edişinde, elindeki kalemle Klawdja'nın vücüdunda belirli bir noktayı işaret ediyordu. Tercüman kadın da her defasında kalemle işaret edilen noktaya büyük bir dikkatle bakıyor, Klawdja'nın şaşkınlık ve huzursuzluğundan sanki zevk alıyordu.

Adam, Klawdja'yı baştan aşağı süzüyor ve her ayrıntı onu son derece ilgilendiriyordu. Sorguya çektiği insanın onun için zerre kadar önem taşımadığı aşikardı. Yoksa, karşısındakinin ayrıntıları anlatmakta zorlanan bir kadın olduğunu tamamiyle unutmuş muydu?

Sanki herşeyi kendi gözleriyle görmüş gibi, „Beni bir çok kez öptü, gömleğimin yakasını açarak göğüslerimi tuttu. Kilodumu çıkardı ve parmaklarıyla cinsel organıma dokundu" gibi tümceleri katibe yazdırıyordu. Sonra da söylediklerini doğrulatmak için „böyle miydi?" diye soruyordu.

Tel kafesle çevrili, kemerli pencereden sızan zayıf bir ışık hüzmesi masanın üzerindeki kağıtları ve Klawdja'nın yanındaki gri dosya dolabını yalayarak sessizce sarı badanalı duvara düşüyor ve orada sayısızınca minicik kareler oluşturuyordu.

Dışarda kar yağıyordu. Rüzgarda savrulan kar tanecikleri, karşıdaki evleri beyaz bir kuşak gibi sarıyor, döne döne sorgu odasının penceresine yaklaşıp birbiri ardına cama vuruyor ve eriyerek incecik, naylon iplikler gibi pervazın oluklarına akıyordu. Emniyet Müdürlüğü'nün bulunduğu belediye binasının çevresindeki sokaklarda bembeyaz, sinsi bir sessizlik hüküm sürmekteydi. Sadece askerlerin bağrışları ve arasıra avluya girip çıkan araçların karları ezen tekerleklerinin çıkardığı sesler duyuluyordu. Daktilonun ardı ardına, farklı aralıklarla kalkıp inen tuşları, kulak tırmalayıcı bir takırtı çıkarıyor, bir dilden öbürüne tercüme edilen sorular beyaz kağıtlara dökülüyordu.

Koridordan telaşla geçen askerlerin çizmeleri taş zemini dövdükçe çıkan sesler, yüksek tavanlı binanın duvarlarında patlayarak yankılanıyordu.

Bir de dışardaki soğuk ... Soğuk, pencere ve kapının çatlaklarından bir yılan gibi odaya süzülüyor, döşemeden Klawdja'nın ayaklarına, sonra çıplak bacaklarına tırmanıyor ve genç kadının daha da büzülüp, içine çekilmesine neden oluyordu. Artık Klawdja'nın bir tek dudakları hareket ediyor ve başmüfettişin yazdırdığı her şeyi sadece onaylıyordu.

Zaman hızla ilerliyor, gün akşama dönüyordu. Pencereden görünen damlar, ağaçlar ve cadde yavaşça geçip giden günün son ışıklarıyla aydınlanıyordu. Birbiri ardına çoğalan gölgeler nihayet her yeri kapladı. Klawdja yapayalnızdı. Ona sürekli hareket halindeymiş gibi görünen nesneler, kişiler ve bu kişilerce yöneltilen sorularla çepeçevre kuşatılmış, alaca karanlıkta öylece duruyor ve bakıyordu.

Kafasını çevirmeksizin kah bir kar tanesine, kah bir ışık hüzmesine dalıp gidiyordu. Tavana bakıyor, örümcek ağlarını inceliyor, duvardaki çatlaklardan kendince motifler yaratıyor, yerdeki pislikleri şekillendiriyor, hayalinde resimler çiziyordu. Sonunda, çevresindeki nesnelerle kişilerin seslerini de giderek daha az algılar hale geldi.

Bu kişilere karşı itaatkar olmak zorunluğundaydı belki, ama düşünceleri tamamiyle özgürdü. Elleri zincirlenebilir, ağzı kapatılabilirdi, ama düşüncelerini hiç kimse zaptedemezdi. Onlar, içindeki yurdundan başka bir şey olmayan geçmişine doğru kuş gibi uçup gidiyordu.

Anılarına ait tanımlayamadığı nesneler zihninde yanıp sönüyordu sürekli. Geçmişine ilişkin belli belirsiz yüzler ve boğuk sesler, çılgın bir rüzgarın hızla esmesi gibi parça parça geçiyordu zihninden: Bazen anası, onun alıp başını gittiğini anladığı sabah, bazen hep birlikte geçirdikleri geceler, duvardaki resimler ve hüzünlü, düşünceli yüzüyle babası.

Ve bazen de İwan. Anası gittikten sonra, evin önündeki büyük, beyaz, değirmi taşın üzerinde onu yıkaması ...

İwan'ın ağlamaları ve ağlamak istediği zaman ardına saklandığı, değirmenin arkasındaki büyük, yaşlı ağaç ... Ağlamak... Moskova'daki teyzesinin yanına gidiş... kardeşinden ayrılmak, üvey anası ve sonra yine anası ...

Evinden ayrıldığından beri sanki yüzlerce yıl geçmiş gibi geliyordu ona. Ve şimdi de burada Erwin'e duyduğu aşk.

Ana caddedeki büyük ağacın altında ilk buluştukları ve öpüştükleri akşam ne demişti?

„Seni seviyorum. Gerçekten. Tanrının huzurunda yemin ederim ki ..."

O zamanlar, onun söylediği herşeye, sözcüğü sözcüğüne inanırdı. Şimdi? Şimdi artık o kadar emin değildi.

Eğer gerçekten seviyor olsaydı, bugüne dek onu çoktan görmeye gelirdi. Onun da toplama kampına gönderilme ihtimali olduğunu bilmesine karşın: "O bir Alman ne de olsa, bana yardım edebilirdi" diye düşünüyordu.

Ve bu yağan kar ... Ne kadar yumuşak, ne kadar gizemliydi ... Sanki bir şeyler saklıyordu. O kadar beyaz, lekesiz ve temizdi ki. Tıpkı seven bir insanın duyguları gibi ... ama bir hüznü de barındırıyordu içinde sanki. İnsanda ağlama ihtiyacı uyandıran, sonsuz, beyaz bir aydınlıktı.

Herşeyin başladığı o akşam da kar yağıyordu. Kar taneleri beyaz tüğler gibi havada uçuşuyor, ağaçları ve evleri yumuşacık okşayarak Heide Caddesindeki baraka yurdun sağlık odasının önüne düşüyordu.

Bir arkadaşı hastalanmış sağlık odasında yatıyordu. Duygulu, duyarlı bir kızdı. Klawdja yatağının başucunda oturuyordu. Arkadaşının, avuçlarının içindeki elleri sımsıcaktı. O kadar sıcaktı ki, kalp atışlarını parmak uçlarında, ruhunun sıcaklığını ellerinde hissediyordu. Elleri bir köprü olmuştu, iki yüreği ve iki ruhu birleştiren. Konuşmuyorlardı. Tek sözcük çıkmıyordu ağızlarından. Ama, sessizce anlaşıyorlardı. Birbirlerinin gözlerine bakıyor, o gözlerdeki nehirleri, sevdaları, yemyeşil ormanları, uzayıp giden yolları, evleri ve çok uzaklarda bir yerde ağlayan insanları görüyorlardı. Elleriyle birleşen iki vücut, gözleriyle de ruhlarının taa derinliklerine bakıyordu.

Klawdja, bir şeylerin eksikliğini hissetti birden; sözlerle ifade edilemeyen bir şeylerin. Yüreğine sıcacık bir şeyler aktı, doldurdu yüreğini ve sonra yeniden kayboldu; geride sonsuz bir boşluk bırakarak. Boşluk, dört yanı sütbeyaz boyalı, geniş, loş bir mekana benziyordu. Yüreği o mekanda yatıyordu sanki. Çırpınışını hissediyordu yüreğinin, tavana çarpışını, sonra döşemeye ... Nasıl da acıyordu. Ama sonra, kalbinin içindeki o geniş mekanı, yine bu sıcacık duygu doldurdu.

İşte, tam bu sırada gelmişti yurt yöneticisi Cäcilie sağlık odasına. Önce hiç bir şey söylememiş ve kapıyı da açık bırakmıştı. Sonra genç bir adam belirmişti kapıda. Klawdja, hemen onun, arkadaşına sözü edilen doktor olduğunu düşünmüştü. Çünkü arkadaşı yatağa düştüğünden beri, yaklaşık dört haftadır, yönetici, doktor getireceğine dair söz verip duruyordu. Ancak, hemen anlaşıldı ki, bu gelen doktor değil, firma sahibinin oğluydu.

Eh, olsun diye düşündü Klawdja da arkadaşı da. Eğer, patronun oğlu bizzat ziyarete gelmişse, hastalığın ciddiye alındığını gösterirdi bu. Oysa yanılmıştı. Hayır, durum hiç de düşündüğü gibi değildi.

„İşte, o!" dedi Cäcilie ve Klawdja'yı gösterdi.

„Güzel kız!" oldu adamın yanıtı.

Evet, işte böyle, tam böyle başlamıştı herşey ... diye anımsadı Klawdja.

(...)

Akşam oluyordu. Sorgu odası karanlığa gömülmüş, evlerin kırmızı damları sütrengi bir duvakla örtülmüştü. Kar fırtınası sürüyordu. Çatı altlarında sığınacak yer arayan bir karga, tünediği daldan gaklayarak evlere doğru uçtu.

Sorgu odasında ışık yakıldı; yüzlerdeki gölgeler belirginleşti. Yoğun ve karanlık düşünceler, sözcüklerde netleşirken başmüfettişin daha da yükselip tizleşen sesi odanın duvarlarına çarparak yankılanıyordu.

„Cinsel birleşme ilk gece, sadece bir kez ve ayakta gerçekleşti ..." diye yazdırdı tutanağa.

Bu sırada Klawdja'ya bakıyordu. Bakışları sanki odayı geçti, geldi Klawdja'nın elbisesine yapıştı kaldı. Görünmeyen bir el düğmelerini çözüp vücuduna dokundu. Yakıcı bir arzu sarmıştı başmüfettişi. Yutkunuyordu. „Böyle olmuş olamalı" diye düşünüyordu.   177

„Ayakta nasıl oluyor?" diye sorup, edepsizce gülümseyerek zabıt katibine döndü. Öbürü de pis pis sırıttı.

„Yabancıların, biz Almanlarla cinsel ilişki kurmasının yasak olduğunu bilmiyor muydun?"

Klawdja susuyordu.

Bunun üzerine, „Sana bir şey söylediğimde hiç değilse yüzüme bak!" diye gürledi adam.

Klawdja ona baktı, gözlerinin altındaki derin mor halkalar iyice belirginleşmişti.

„Hah şöyle! Toplama kampına gönderileceğini de bilmiyordun Allah bilir, öyle mi?"

Klawdja hiç bir şey söylemiyordu.

„Peki, devam ediyoruz. Nasıl oldu? Anlat!"

Bu tür sayısızınca sorular birbiri ardına yineleniyor, her sorudan sonra Klawdja doluya tutulmuş gibi başını omuzlarının arasına çekip gözlerini kapatarak, başka bir zamana ve mekana doğru yol almaya çalışıyordu. Kalp atışları, uçmayı yeni yeni sınayan bir yavru kuşunki gibi düzensizdi. Bazen normal ritmine kavuşan kalbi, sonra birden sonsuz bir boşluğa düşerek tekliyordu. Sanki görünmez bir güç yüreğini alıp sıkıyor ve bırakıyordu. Acının azaldığı an ise, ancak genç bir kalbin duyabileceği en tatlı his: sükunet yayılıyordu vücuduna. O zaman Klawdja kendisini yeniden doğmuş gibi hissediyordu. Dışarda onu bekleyen birisi varmış gibi, bakışları hemen pencereye yöneliyor, bakışlarıyla dışarıya kaçmaya çalışıyordu. Ama sonra, artık bulanıklaşan düşüncelerinde bir çok kez yeniden başladığı o noktaya geri dönüp yıllara, aylara ve günlere ve saatlere yayılan bütün olayları yeniden anımsıyordu. Anılar gözünün önünde uçuşuyor ve bulanıklaşıyordu.

„Çocuk, şarkısını söylemeye başladığında ormanlar bütün ağaçlarıyla beraber ağladılar ... Şarkısı duyulur duyulmaz ormanlar ağladılar ..."

Zabıt katibi daktiloya yeni bir kağıt taktı ve başmüfettiş son cümlesini yineledi:
„Her, iki durumda da cinsel ilişki kurduğum kişinin Erwin S. olduğunu ve bu kişinin kimliğine dair herhangi bir yanılgının kesinlikle söz konusu olmadığını beyan ederim. Bu suçlamanın bay Erwin S. açısından hangi anlama geldiğini biliyorum. Ancak, sadece gerçeği söylediğimi beyan ederim.
Sorulması üzerine, bir kaç Rus kız arkadaşıma Erwin tarafından hamile bırakıldığımı söylediğimi ve iki aydır adet görmediğimi beyan ederim.
Almanlarla cinsel ilişki kurmanın yasak olduğu bana resmen bildirilmiş olmasına karşın, bilerek bu yasağı çiğnediğimi kabul ediyorum."

Sorgu da tutanak da sona ermişti. Başmüfettiş oturduğu yerde arkasına yaslandı, sonra ayağa kalktı ve elindeki kalemi masanın üzerine fırlattı. Daktilonun tuşlarına son kez vuruldu ve nokta kondu.
Klawdja titreyen elleriyle: Ekleyecek bir şeyim yoktur, okudum, kabul ettim ve imzaladım, diye yazdıktan sonra, tutanağı imzaladı.
Ve Klawdja ağzı hafif aralık ve gözlerinde sakin bir ifadeyle başmüfettişe baktı, karnını tuttu.

Sonra diğerleri gibi Klawdja da hafızalardan silindi gitti. Sanki hiç yaşamamış ve hiç orada bulunmamıştı.
Doğduğu ve bir çiçek gibi koparıldığı toprağından uzakta, solmaya

terk edildi o da. Geride sadece, dünyanın bir başka ucundaki bir kentin bodrumunda, tozlu raflarda unutulan küf kokulu bir dosya kaldı.

DIE VERNEHMUNG
oder die bestrafte Liebe der Klawdja B. (Auszug)

„*Z*ur Sache...", las der Protokollführer den letzten Satz, den er gerade niedergetippt hatte, drückte mit seinem linken Zeigefinger auf die Großschreibtaste, mit dem der rechten schlug er auf den Doppelpunkt, während er die Silben der einzelnen Wörter halb laut und halb leise zwischen seinen fleischigen Lippen herauszischen ließ:

„Der Ge..gen..stand mei..ner Ver..nehmung ist mir bekannt gegeben wor..den. Ich bin hier ein..ge..hend ermahnt wor..den, in allen Teilen nur die reine Wahrheit zu sagen. Dieses will ich befolgen, und ich gebe auf Vorhalt zu, daß ich von dem deutschen Soldaten E., dem Sohn des Mitinhabers der Firma S. Möbelwerk Herford, geschwängert worden bin. Die Schwangerschaft besteht im zweiten Monat. Im einzelnen führe ich hierzu folgendes aus..."

Klawdja gab keinen Ton von sich. Es schien, als hörte sie nichts von alldem, was hier gesagt und geschrieben wurde von Leuten, die nicht einmal menschlich zu verstehen wußten, um was es sich hier in Wirklichkeit handelte.

Sie war schweigsam. Doch es war schwer für sie in so einer Situation an ihre Liebe zu einem Menschen erinnert zu werden, den sie, auch wenn man ihr nicht glauben wollte, in ihrem Herzen behütete. Denn der Lagerführer sagte aus, er hätte nicht gesehen, daß sich E. mit der Ostarbeiterin Klawdja getroffen und mit ihr fortgegangen sei. Ebensowenig könne er sagen, wann und ob Klawdja das Lager verlassen habe. In keinem der fraglichen Fälle habe er direkt gesehen, ob E. eine Beziehung zu Klawdja unterhalten habe. Er habe nur davon gehört.

Als der Name E. im Protokoll erwähnt wurde, kam Klawdja der Gedanke, sie bilde sich nur ein, was sich hier in diesem Augenblick abspielte; es sei nur ein Traum, der über kurz oder lang einmal ein Ende haben würde, und sie legte, ohne es zu bemerken, die Hände auf ihren Leib, streichelte ihn mit mütterlicher Liebe, als striche sie einem Kind über das Haar.

Sie drückte noch fester auf den Leib, als würde sie, was sie unter ihren Hände fühlte, nicht hergeben wollen.

„Was hast du dir denn dabei gedacht?" fragte der Kriminalobersekretär.

Über ihre Worte, die ohnehin nur selten über Klawdjas Lippen kamen, machte der Kriminalobersekretär einen derben Witz und unterhielt sich minutenlang mit dem anderen darüber, so daß er hinterher vergaß, wo er stehengeblieben war. Die ganze Vernehmung, was schon drei, ja sogar viermal erzählt worden war, mußte wiederholt werden. Damit zog sich das Verhör unendlich in die Länge.

„Noch einmal! Wie war es?"

Die Dolmetscherin weidete sich an Klawdjas Verwirrung und schaute jedes Mal genau dort auf Klawdjas Körper, wohin der Kriminalobersekretär mit dem Bleistift in seiner Hand zeigte, während er das Geschehen auf seine Art schilderte.

Er musterte sie und zeigte an jeder Einzelheit ein spürbares Interesse. Es war nicht zu übersehen, daß ihm die Person, die er vernahm, völlig gleichgültig war. Oder war es ihm scheinbar entfallen, daß eine Frau vor ihm stand, der es gar nicht leicht fiel, Einzelheiten zu schildern?

„Er hat mich verschiedene Male geküßt, meine Jacke aufgeknöpft und meine Brust mit der Hand betastet. Er zog mir auch meinen Schlüpfer aus und betastete mit dem Finger mein Geschlechtsteil...", diktierte er, als sei er dabei gewesen.

„Stimmt es so?" ließ er sie dann bestätigen, was er gesagt hatte.

Ein gedämpftes, weißes Licht drang durch das kupplige, vergitterte Fenster hinein, streifte die Papiere auf dem Tisch, den grauen Aktenschrank neben Klawdja, gelang schweigsam an die gelbgeputzte Wand und bildete dort unzählige, rautige Vierecke. Draußen schneite es. Die Schneeflocken wirbelten durch die Luft, verschleierten mit einem weißen Gewölbe die Häuser auf der anderen Seite der Straße und näherten sich drehend dem Fenster des Vernehmungsraumes, fielen nacheinander auf die Scheibe, schmolzen in Bruchteilen von Sekunden, dann flossen sie in dünnen, durchsichtigen Fäden nach unten in die Rinne des Fensterrahmens. Eine weiße, drohende Stille herrschte in den Straßen rund um das Rathaus, in dem das Polizeigefängnis untergebracht war.

Gelegentlich hörte man das Geschrei der Soldaten und die krachenden und ächzenden Geräusche der Militärfahrzeuge, die in dem Hof ein- und ausfuhren. Die sich hintereinander, in unterschiedlicher Schnelligkeit auf die Walze niederschlagende Tastatur der Schreibmaschine gab ein ohrenkratzendes Klirren verschiedener Stärke von sich. Fragen wurden von einer Sprache in die andere übertragen und dann auf weißes Papier niedergeschrieben.

Das Knallen und der dumpfe Widerhall von den Stiefeln der vorbeieilenden Soldaten im Korridor erhoben sich im hohen Raum und hallten von den Wänden wider.

Das ganze Getöse drang bis ins Vernehmungszimmer, vermischte sich mit dem des Inneren und zerplatzte an den Ohren Klawdjas.

Und dann noch die Kälte draußen, die wie eine unsichtbare Schlange durch die Ritzen der Tür und des Fensters schlich und über den Boden zu den Füßen und den nackten Beinen Klawdjas kroch, beeinträchtigte sie so sehr, daß sie sich immer mehr in sich zurückzog. An Klawdja bewegten sich nur ihre Lippen, die all das bestätigten, was ihr der Kriminalobersekretär diktierte.

Die Zeit, in der sie sich gerade befand, ging rasch an ihr vorbei. Der Tag näherte sich allmählich dem Abend. Die Dächer der Häuser, die Bäume und die Straße vor dem Fenster schwammen im letzten weißen Licht des langsam verstreichenden Tages. Der eine Schatten legte sich über den anderen; sie vermischten sich. Gebannt von Einsamkeit und umringt von Gegenständen, die sich ständig vor ihren Augen zu bewegen schienen, und von den Anwesenden und den von ihnen gestellten Fragen, stand Klawdja im Halbdunkeln des Abends im Raum und schaute dahin und dorthin; sie ließ ihre Blick mal an den Schneeflocken, mal an dem Lichtstreifen hängen, ohne ihren Kopf zu bewegen. Sie schaute die Decke an, beobachtete sie, stellte ein Spinnennest fest, formte die Spalten an der Wand in schöne Motive um, in Gedanken malte sie Bilder aus dem Dreck auf dem Boden.

Auch wenn sie diesen Menschen gegenüber gehorsam sein mußte, war sie in ihren Gedanken völlig frei. Die Hände konnte man ihr in Ketten legen, ihren Mund stopfen, doch ihre Gedanken konnte niemand gefangen nehmen; sie flogen wie Vögel in ihre Vergangenheit, die nichts anderes war als die Heimat in ihr selbst.

Unbeschreibliche Dinge blinkten in ihren Erinnerungen auf und verloschen. Wie im Wehen eines wilden Windes kamen und gingen ihr halberkennbare Gesichter und verstummte Stimmen aus der Vergangenheit durch den Kopf; mal die Mutter, wie sie vermißt wurde an jenem Morgen, mal das gemeinsame, stille Sitzen im Wohnraum und die Bilder an der Wand und der Vater mit seinem nachdenklichen, traurigen Gesicht. Und mal Iwan, wie sie ihn gewaschen hatte vor dem Haus auf einem großen, weißen, flachen Stein, nachdem Mutter fortgelaufen war.

Sein Weinen und der Baum hinter der Mühle, hinter dem er sich immer versteckte, wenn er sich ausweinen wollte... weinen... die Fahrt nach Moskau zur Tante... Trennung vom Bruder, die Stiefmutter und noch einmal die Mutter.

Es schien ihr, als seien Hunderte von Jahren vergangen, seitdem sie von zu Hause fortgegangen war.

Und nun die Liebe zu E. hier.

Was hatte er gesagt, als sie sich an jenem Abend zum ersten Mal unter dem großen Baum in der Hochstraße getroffen und geküßt hatten?

„Ich liebe dich, wirklich. Ich schwöre es bei Gott."

Damals glaubte sie ihm jedes Wort, das er sagte. Und nun? So genau wußte sie nicht mehr, ob es wirklich Liebe war.

Wenn er sie lieben würde, hätte er sich doch schon längst melden müssen. Er ist ein Deutscher, er könnte ihr doch helfen, dachte sie, obwohl sie wußte, daß auch er mit der Einweisung in ein Konzentrationslager bedroht sein konnte.

183

Und dieser Schnee... der Schnee hier, wie weich er ist und wie heimlich... er hat etwas in sich, er ist so weiß, unbefleckt und sauber wie die Gefühle eines Menschen, der liebt... er trägt auch so eine Traurigkeit mit sich. Er ist die unendliche, weiße Einsamkeit, die einen zum Weinen auffordert...

Auch an dem Abend, als alles begonnen hatte, schneite es.

Wie weiße Federn flogen die Schneeflocken in der Luft umher. Zärtlich streichelten sie die Bäume und Häuser und landeten auf dem Boden vor dem Fenster des Krankenzimmers der Baracke in der Heidestraße. Eine Freundin war krank geworden, sie lag im Krankenzimmer. Sie war eine gefühlvolle, sensible junge Frau.

Klawdja saß bei ihr auf dem Bettrand. Die Hände der Freundin hielt sie in ihren Händen; sie waren so warm, sie spürte das Schlagen des Blutes mit ihren Fingerspitzen und in ihren Händen die Wärme ihres Herzens. Diese Hände verbanden zwei Herzen und zwei Seelen miteinander wie eine Brücke. Sie redeten nicht, wechselten keine Worte. Doch sie sprachen ohne einen Laut von sich zu geben. Ihre Augen schauten sich an; Flüsse in ihnen, voller Liebe, grüne Wälder, unendliche Wege und Häuser und irgendwo in der weiten Ferne Menschen, die weinten.

Zwei Körper, miteinander verbunden durch die Hände, durch die Augen, die in die Tiefe blickten.

Klawdja fühlte, daß ihr etwas fehlte; etwas, das mit Worten nicht zu beschreiben war. Wärme strömte in ihr Herz, füllte es und verschwand wieder, ließ eine grenzenlose Leere zurück. Diese Leere glich einem hohlen Raum mit vier milchig-weißen Wänden, in dem sie ihr Herz zu spüren schien, wie es zappelte, an die Decke schlug, auf den Boden, Schmerz empfand, doch dann überflutete wieder diese warme Strömung den Raum... den Raum in ihrem Herzen.

Gerade in diesem Moment war Cäcilie, die Heimleiterin, ins Krankenzimmer gekommen. Gesagt hatte sie zunächst nichts, auch die Tür hatte sie offen stehen lassen. Dann war ein junger Mann in der Tür erschienen. Klawdja dachte erst, es sei der Arzt, dessen Besuch der Freundin bereits bei ihrer Ankunft im Krankenzimmer vor vier Wochen versprochen worden war. Kurze Zeit später zeigte sich, daß er nicht der Arzt war, sondern der Sohn des Firmeninhabers.

Na ja, immerhin, dachte Klawdja, wenn der Sohn des Chefs persönlich am Krankenbett erscheint, ist es ein Zeichen dafür, daß man die Krankheit doch ernst nimmt. Klawdja hatte sich geirrt. Nein, es war nicht so, wie sie es sich vorstellte.

„Da ist sie...", sagte Cäcilie und zeigte dabei auf Klawdja.

„Hübsches Mädel...", war die Antwort des Mannes.

So war es gewesen, ja, genau so hatte es begonnen, erinnerte sich Klawdja.

...

Der Tag ging in den Abend über; im Vernehmungszimmer wurde es dunkel. Ein milchiger Schleier im Himmel senkte sich über die roten Dächer der Häuser, ein heftiges Schneegestöber wirbelte wild auf den Straßen, krächzend flog ein Rabe von einem Baum zu den Häusern hin, suchte sich ein Versteck unter den Dachrinnen.

Im Vernehmungszimmer ging das Licht an; die Schatten in den Gesichtern wurden klarer, die Gedanken dunkler und tiefer, sie sprangen von Wort zu Wort.

Doch die Stimme des Kriminalobersekretärs ertönte hell und heller, schlug an die kühlen Wände und hallte verstärkt zurück.

„Die Ausführung des Geschlechtsverkehrs fand am ersten Abend nur einmal und zwar im Stehen statt...", führte der Kriminalobersekretär das Protokoll fort.

Er schaute Klawdja dabei an, seine Blicke flogen durch den Raum, hefteten sich an ihr Kleid. Eine unsichtbare Hand knöpfte es auf, betastete sie. Ein flammender Wunsch überfiel ihn, er mußte schlucken. So, dachte er, muß es sich abgespielt haben.

„Wie geht es denn im Stehen?" fragte er hämisch und wandte sich dem Protokollführer zu. Der andere grinste.

„Daß der Geschlechtsverkehr mit uns Deutschen strafbar ist, wußtest du etwa nicht?"

Klawdja schwieg.

„Guck mich gefälligst an, wenn ich dich was frage!" brüllte der Kriminalobersekretär daraufhin.

Klawdja schielte nach ihm; tiefe, dunkle Ringe unter ihren Augen wurden sichtbar.

„Na also! Und davon, daß du ins KZ geschickt wirst, willst du ebensowenig gewußt haben, was?!"

Von Klawdja war nichts zu hören.

„So, weiter geht's, wie war es?"

Fragen ähnlicher Art hagelten in achtloser Fülle auf Klawdja wie dicke Steine nieder, sie legte jedes Mal ihren Kopf auf die knochigen, schmalen Schultern, schloß ihre Augen und bahnte sich hinter den geschlossenen Lidern einen Weg im Dunkeln in eine andere Zeit und an einen anderen Ort. Ihr Herz schlug wie die Flügel eines neugeborenen Vogeljungen, das dabei ist, fliegen zu lernen. Mal fand es seinen Rhythmus, mal schlug es aus dem Takt und fiel in eine endlose Leere. Eine unsichtbare Kraft drückte es eine Weile und ließ es wieder los. Genau in diesem Augenblick, wenn der Schmerz nachließ, setzte Ruhe ein, und dies war das Schönste, was ein junges Herz je würde empfinden können. Dann fühlte sich Klawdja wie neugeboren, und sie schielte sogleich zum Fenster hinüber, flüchtete mit ihren Blicken hinaus, als erwarte sie jemanden hinter diesem Fenster. Sie kehrte aber stets dorthin zurück, wo sie angefangen hatte und wiederholte in ihren betäubten Gedanken alle Ereignisse der Jahre, Monate, Tage und Stunden.

„...als das Kind sein Lied sang, weinten die Wälder mit all ihren Bäumen... sowie sein Lied ertönte, weinten die Wälder..."

Der Protokollführer spannte ein neues Blatt in die Schreibmaschine, und der Kriminalobersekretär wiederholte seinen letzten Satz:

„Auf Vorhalt gebe ich noch an, daß es sich bei der Person, mit der ich den Geschlechtsverkehr in beiden Fällen ausgeübt habe, tatsächlich um den E. handelt. Ein Irrtum in der Person scheidet völlig aus.

Ich bin mir bewußt, was diese Beschuldigung für den Herrn E. bedeutet. Ich habe aber die reine Wahrheit gesagt.

Auf Befragen erkläre ich noch, daß ich einigen anderen russischen Mädchen erzählt habe, ich sei von E. geschwängert. Meine Periode ist jetzt zum zweiten Male ausgeblieben.

Ich gebe auf Vorhalt zu, daß mir das Verbot des Geschlechtsverkehrs mit Deutschen amtlich bekanntgegeben worden ist, und daß ich damit wissentlich gegen dieses Verbot verstoßen habe."

Ein Schlag auf die Tastatur, ein Punkt setzte sich an das Ende, die Vernehmung war vorbei. Klawdja unterschrieb das Protokoll mit zitternder Hand: „Ich habe nichts mehr hinzuzufügen, vorgelesen, genehmigt und unterschrieben."

Der Kriminalobersekretär lehnte sich in seinen Stuhl zurück, richtete sich auf und ließ den Bleistift auf den Tisch fallen.

186 Und Klawdja, den Mund halb offen, ihre Augen schweigend, blickte zum Kriminalobersekretär und legte die Hände wieder auf ihren Leib.

Wie viele andere, verschwand auch Klawdja aus dem Gedächtnis der Menschen, als hätte sie nie gelebt und wäre nie dagewesen.

Nur eine muffige Akte lag irgendwo im Staub des Regals im Keller einer Stadt am anderen Ende der Welt, fern von dort, wo sie geboren und wie eine Blume herausgerissen worden war - herausgerissen aus ihrer ursprünglichen Erde und verwelkt in der Fremde.

KEMAL YALÇIN

BIOGRAPHIE

Geboren 1952 in Honaz/Denizli

Examen an der Pädagogischen
Hochschule und an der
Pfilosophischen Fakultät der
Universität Istanbul
Tätigkeit als Philosophielehrer an
Istanbuler Gymnasien

1975 - 1976 Vorstandsmitglied
der Lehrergewerkschaft
TÖB-DER

Lebt seit 1982 in der
Bundesrepublik Deutschland in
Bochum und arbeitet als
Türkischlehrer

1991
1. Literaturpreis der türkischen
Erdölgewerkschaft Petrol-Iş

Schreibt in Türkisch

Mitglied im Literaturkreis
Türkischer Schriftsteller in NRW

ÖZGEÇMİŞ

1952'de Denizli'nin Honaz
bucağında doğdu

İsparta Gönen Öğretmen
Okulu, İstanbul Çapa Yüksek
Öğretmen Okulu ve İstanbul
Üniversitesi Edebiyat Fakültesi
Felsefe Bölümü'nü bitirdi.
Çeşitli liselerde felsefe
öğretmenliği yaptı

1975-1976 döneminde
TÖB-DER Merkez Yönetim
Kurulu'nda görev aldı

1982 yılından beri Federal
Almanya'da yaşıyor
Halen Bochum'da Türkçe
öğretmenliği yapıyor

1991
Petrol-İş Kırıkkale Şubesi Şiir
Yarışması Birincilik Ödülü

Türkçe yazıyor

Kuzey Ren Vestfalya Türkiyeli
Yazarlar Çalışma Grubu üyesi

BIBLIOGRAPHIE

Sürgün Gülleri
Gedichte
Pencere Publikationen
Istanbul 1993

Geç Kalan Bahar
Gedichte
Ortadoğu Verlag
Oberhausen 1994

YAPITLARI

Sürgün Gülleri
Şiirler
Pencere Yayınları
İstanbul 1993

Geç Kalan Bahar
Şiirler
Ortadoğu Yayınevi
Oberhausen 1994

KÜÇÜK BİR RİCA

Göz bebeklerini
Yada avuç çizgilerini incele.
Bilebilir misin siyahı beyazı
Yerliyi yabancıyı?
Ayırabilir misin
Seni yada beni?

Çocukların gülüşünü
Yada ağlayışını dinle.
Bilebilir misin
Almanı Yahudiyi?
Ayırabilir misin
Avrupalıyı Afrikalıyı?

Yürek atışlarını
Yada nefes alışlarını dinle.
Var mı aralarında bir fark
Türkle Kürdün?
Ayırabilir misin
Ermeniyle Rumu?

Alın terlerini
Yada gözyaşlarını topla
Cam bardaklar içinde.
Var mı aralarında bir fark
Karabaşlınınkiyle sarıbaşlınınki
Ela gözlününküyle çakır gözlününkü arasında?

Ananın doğum sancısını,
Ağrıyan dişinin sızısını,
Kesilen parmağının acısını,
Sevmeyi, sevilmeyi, özlemi
Düşün düşünebildiğin kadar
Benzerliklerimiz farklarımızdan çok değil mi?

EINE KLEINE BITTE

Schau ihnen einmal in die Augen,
Auf die Linien ihrer Handflächen.
Erkennst du, wer weiß ist, wer schwarz?
Wer heimisch, wer fremd?
Kannst du es auseinanderhalten
Dich oder mich?

Hör dir das Lachen der Kinder an
Oder ihr Weinen.
Erkennst du,
Was deutsch ist und was jüdisch?
Kannst du es auseinanderhalten,
Das Europäische und das Afrikanische?

Hör nur, wie ihr Herz schlägt
Oder wie ihr Atem geht.
Macht es einen Unterschied
Ob es ein Türke ist oder ein Kurde?
Kannst du sie auseinanderhalten,
Den Armenier und den Griechen?

Fang ihre Schweißtropfen auf
In gläsernen Bechern
Oder die Tropfen ihrer Tränen.
Macht es einen Unterschied,
Ob ihr Haar schwarz oder blond ist?
Ob die Augen braun oder blau sind?

Stell sie dir vor, so gut du kannst,
Die Wehen der Gebärenden,
Das Ziehen im schmerzenden Zahn,
Die Pein eines abgeschnittenen Fingers,
Lieben und Geliebtwerden, Sehnsucht
Wir haben mehr Ähnlichkeiten als Unterschiede, nicht wahr?

TEK MEYVEYLE BAHÇE OLMAZ

Başlarımızı Ege'nin maviliğine koymuşuz
Ayaklarımız uzanır Asya'ya, Avrupa'ya.
Düşümüz, düşüncemiz kendimizin
Gökyüzümüz birdir.
Üşüsek Olimpos'tan gelen yağmurla karla
Üşüsek İda dağının kışıyla boranıyla
Aynı güneşi örteriz üstümüze.

Türkülerimiz içiçe
Zeybeklerimiz cepkenli
Vururuz dizlerimizi yere
Yüreğimizde duyulur toprağın sesi.

„Zeytin yağlı yiyemem aman
Basma da fistan giyemem aman
Senin gibi cahile
Ben efendim diyemem aman. "

Ben Türkçe söylerim
Sen Rumca
Gelinlerimiz kızlarımız oynar
Müziği, edası bir
Gönlümüzün sevdası aynı
Varsın dillerimiz ayrı olsun
Bu ayrılık güzelliğimiz değil mi?

İmbat eser iki yana
Deniz kokar gözlerimiz
Dalgalar selam getirir
Selam götürür kıyıdan kıyıya
Kim durdurabilir Ege'nin rüzgarını?

Tanrılar yatağı dağlarımız, kentlerimiz
Atina Akropolü Bergama Akropolü'ne bakar sabahları
Akşamları Bergama Akropolü mendil sallar Atina'ya ...

Kaç kez kırdırdı bizi birbirimize
Bu devler, bu canavarlar soyu!
Mermeri yeşerttik Zeus Tapınağı'nda
Kini, nefreti, barbarlığı yendik sevgiyle
Bitsin artık sürüldüğümüz bu anlamsız savaş
Sussun artık savaş tamtamları
İnsan yüreği beyaz mermerden sert mi?

Ege bir adımlık yerdir
Ünlesem duyarsın beni.
Zeytin biter barışta
Rüzgarlar fesleğen
Gülümüz güneş kokar dostlukta
İnsanlarımız özgürlükle güzel
Toprağımız dillerle, türkülerle bereketli
Tek meyveli bahçe ne sıkıcı ne korkunç
Tek meyveli bahçe olmasın yurtlarımız ...

EINE FRUCHT MACHT NOCH KEINEN GARTEN

Unsere Köpfe ruhen im Blau der Ägäis
Unsere Füße sind ausgestreckt nach Asien, nach Europa
Wir haben jeder unsere eigenen Träume und Ideen
Doch der Himmel über uns ist eins
Wenn uns friert im Regen und Schnee, der vom Olymp niedergeht
Wenn uns friert in Kälte und Sturm, die um den Ida toben
Hüllen wir uns in das Licht derselben Sonne ein

Unsere Lieder sind verschmolzen miteinander
Unsere Zeybek-Tänzer tragen ätherische Kleidung
Wir trommeln mit den Knien auf den Boden
In uns tönt die Stimme der Erde

„Oliven in Öl, die mag ich nicht
Hemd und Kleid, das trag' ich nicht
Wie du vor tumben Gecken
Dich verneigst, ertrag' ich nicht"

Ich spreche türkisch
Du griechisch
Unsere Bräute, unsere Mädchen tanzen
die Musik, die Gesten sind dieselben
In unseren Herzen ist dieselbe Sehnsucht
Da kann unsere Sprache gern verschieden sein
Der Unterschied zwischen uns ist schön, nicht wahr?

Der Seewind weht nach beiden Seiten
Unsere Augen atmen den Duft des Meeres
Die Wellen überbringen Grußbotschaften
Hin und her, von Küste zu Küste
Wer kann sie aufhalten, die Winde der Ägäis?

Unsere Berge, unsere Städte sind Ruhestatt der Götter
Athens Akropolis schaut hinüber zu Bergamas Akropolis am
Morgen
Und abends winkt Bergamas Akropolis Athen zu ...

Wie oft trieben sie uns gegeneinander in die Schlacht

Das Geschlecht der Riesen und Drachen?
Wir ließen den Marmor im Tempel des Zeus ergrünen
Besiegten mit Liebe, Rachsucht, Haß und Barbarei
Schluß macht endlich
mit dem sinnlosen Krieg, in den man uns gejagt
Schweigen soll endlich das Kriegsgetrommel
Ist das Herz des Menschen denn härter als Marmor?

Über die Ägäis sind wir uns zum Greifen nah
Wenn ich rufe, könntest du mich hören
Der Ölzweig wächst im Frieden
Die Winde duften nach Basilikum
Die Rosen nach Sonne und Brüderlichkeit
Unseren Menschen gibt die Freiheit ihre Schönheit
Unsere Erde ist gesegnet mit Sprachen und Liedern
Ein Garten mit nur einer Frucht - wie langweilig, wie schrecklich
Ein Garten mit nur einer Frucht soll unsere Heimat nicht sein

YALNIZCA SEVGİ ÇİÇEĞİ YILDIZLAŞAN

Damlada denizi
Denizde sonsuzluğu gördüm
İçime yıldızlar düştü
Küçüldü ellerim
Gözüm göre göre görmez oldu.
Yollar döncelerin karanlığına vardı,
        kayboldu izler.

Yıldızlı gecelerde büyür evrenim
Gecenin karanlığında sayamam güneşleri
Dünya ufalır, sınırlar yokolur
Sığmaz yüreğim düşünülmüş büyüklüklere.

Yıldızlara dayayıp başımı
Bilinmezliklere daldım
Yıldız diye sarıldım
Yalnızca ışıktı kimisi,
Karanlık diye tutuklarım
Yıldız çıktı karşıma.

Gezegenlere, döncelere vardım
Ulaştığım her yer
Sonsuzluğun başlangıcıydı
Yıldızlarla kaplandı içim, dışım.

Evren kendi başına
Kucak kucağa sonluyla sonsuz
Ne yaratan var, ne yaratılan
Varolan durmaksızın yenilenen oluş.

Dünya insanla güzel ve anlamlı
Karanlık yansımıyor mavimsi pırıltıda
Yalnızca sevgi çiçeği yıldızlaşan
Uzanıp öptüm çakır gözlerinden
Okyanuslarda ıslandı dudağım.

DAS BLAU DER LIEBE

Im Tropfen sah ich das Meer
Im Meer die Unendlichkeit
Sterne fielen auf mich herab
Die Hände wurden klein
Die Augen schwächer
Straßen verliefen ins Dunkel der Sternenbahnen
Ihre Spur verlor sich

In sternenhellen Nächten wächst mein Universum
Nicht zu zählen sind die Sonnen im Dunkel der Nacht
Die Erde wird klein, Grenzen ein Nichts
Mein Herz fügt sich nicht in solch gedachte Größen

Den Kopf gegen die Sterne gelegt
Versank ich in unbekannten Tiefen
Wie Sterne umfaßte ich sie
Manche waren nur Licht
Wie Dunkelheit hielt ich sie fest
Und Sterne erschienen vor mir

Ich erreichte die Bahnen der Planeten und Gestirne
Überall, wo ich hingelangte
war der Beginn der Unendlichkeit
Übersät von Sternen war ich
Von innen und außen

Das Universum ist für sich
Ineinander, Endlich und Unendlich
Es gibt nicht Schöpfer, nicht Geschaffenes
Es ist unaufhörlich sich erneuerndes Werden

Die Erde ist schön und bedeutend durch den Menschen
Kein Dunkel erscheint in dem bläulichen Glanz
Allein die Liebe blüht leuchtend darin auf
Aus der Ferne küßte ich ihre blauen Augen
Und befeuchtete meine Lippen an Ozeanen

ÇAĞRI

Seni arıyorum kaç zamandır
Bozkırı yeşertmeye,
karanlığı aydınlatmaya çıkmıştık birlikte.
Biliyor musun?
Sen söylemiştin
Dalöğlen ateş olmaktansa
Yıldızsız gecelerde ateş böceği olabilmenin
                                    zorluğunu,
                                    onurunu! ...

O ne ferahlıktı
O ne mutluluktu öyle!
Umut denizleşiyordu alın terimizde.

Nasıl bir zamandı o öyle?
Bir sabahtan bir sabaha
Ne putlar kırıldı
Ne yıkılmazlıklar yıkıldı,
Ne olmazlıklar çiçeklendi
        olmazlıklar içinde.

Gelsene, umudunu sevdiğim, gelsene!
Umudumuzu sınırlama kendi ömrünle
Çocuğunun elinden tutan elini,
Sevdiğinin yüreğini okşayan yüreğini
                vicdanına koy özgürce!
Marşlarla, türkülerle, sevinçle
Yürekle, bilinçle, emekle
Yeşerttiğimiz sevda tehlikede.
Kardeşliğe kin bulaştı
Çiçeğimiz kan içinde.

Gelsene, gözünü sevdiğim, gelsene!
Bu yapı yarım kalmaz sensiz de.
Temelinde bir taş olamıyorsan eğer,
Yolumuzun kıyısında mor menekşe ol!
Domuz pıtrakları bitmesin senin yerinde.
Gel, bu akış durmaz sensiz de.

199

Bakma sen kuruyan nehrin yatağına,
Çatlayan toprağa.
Dökülen yaprağa.
Bakma karşıdan öyle
İnsana, toprağa, tomurcuğa.
Yürümesen de kaldır ayağını
Tohumlar çürümesin bastığın yerde.

Gel, okyanusların damlası,
Gel, yenilmezliklerin yenilgisi,
Gelsene, yarım kalmış şafakların ışıltısı!

Kitabı olamıyorsan seher yıldızlarının
                    alfabenin bir harfi ol!
Gökkuşağı olamıyorsan geçmişten geleceğe
                    bulutlarda su damlacığı ol!
Tohum olamıyorsan altın başaklara
                    toprağın tavı ol!

Okyanuslarda çekilme sırası şimdi
Çaresiz beklemenin zamanı değil.

Bir gün önce akacak bu nehir
                    bilesin,
Bir gün önce duracak bu kan
                    bilesin,
Bir gün önce güleceğiz özgürce
            sen de katılırsan eğer,
                    bilesin ...

RUF

Seit Jahren suche ich nach dir.
Zogen wir doch einst gemeinsam aus, die Steppe zu begrünen,
Das Dunkel zu erhellen.
Weißt du noch?
Du hattest gesagt,
Kein Strohfeuer zu sein;
Nein, Leuchtkäfer in sternloser Nacht,
        wie schwer das sei,
        wie ehrenvoll!

Welch ein Glück war das,
Welche Heiterkeit!
Schweiß, vergossen für die Hoffnung, schwoll an zum
Meeresstrom.

Welch eine Zeit war das!
Was für Götzenbilder wurden da zerschlagen
Von einem Tag auf den nächsten.
Wieviel Unzerbrechliches zerbrach
Wieviel Unmögliches verschwand
        im Blütenmeer der Unmöglichkeiten ...

So komm doch, du, dessen Hoffnung ich so liebte!
Beschränke unsere Hoffnung nicht aufs eigene Leben.
Laß sie dein Gewissen prüfen,
        die Hand, die dein Kind führt
        das Herz, in das du deine Geliebte geschlossen
                hast.
Die Leidenschaft, die wir aufblühen ließen
In Hymnen, in Liedern, in der Freude
Im Herzen, im Wissen, im Schaffen -
        sie ist gefährdet.
Von Haß befallen ist die Brüderlichkeit.
Unsere Blume liegt in Blut.

So komm doch, du, den ich so liebte!
Der Bau bleibt auch ohne dich nicht unvollendet.
Kannst du schon kein Grundstein daran sein.

Dann sei ein blaues Veilchen, das den Weg uns säumt!
Reiß um dich herum die Kletten aus!
Komm, der Strom fließt auch weiter ohne dich;
Schau du nicht auf das ausgedörrte Flußbett,
Auf die rissige Erde,
Das fallende Laub.
Schau nicht teilnahmslos
Auf die Menschen, die Erde, die Knospen.

Heb auch im Stehen den Fuß hoch,
Die Saat darf nicht verrotten unter deinen Schritten.

Komm, du Tropfen der Ozeane,
Komm, du Niederlage der Unbesiegbarkeiten,
Komm doch, du Schimmer der halbvollendeten Morgenröten!

Kannst du kein Buch der Morgensterne sein,
            dann sei ein Buchstabe des Alphabets!
Kannst du kein Regenbogen sein, vom Vergangenen zur Zukunft,
            dann sei ein Wassertröpfchen in den Wolken!
Kannst du dem Gold der Ähren kein Same sein,
            dann sei sein Mutterboden!

Es ist die Zeit der Ozeane, sich zurückzuziehen
Und nicht der Augenblick ratlosen Zuwartens.

Du sollst wissen:
            Am Tag davor wird dieser Fluß dahinströmen
Du sollst wissen:
            Am Tag davor wird dieses Blutvergießen aufhören
Du sollst wissen:
            Wenn auch du teilnimmst,
                        werden wir frei sein am Tag davor und lachen.

MELİNE

Gözlerine ne zaman baksam
Mavi bir su akar
İstanbul şarkıları içinden.
Senden duydum
Bu şarkıların gizemli hüznünü
Senin şarkılarında gördüm
Şafakların özlem gözyaşını.
Yüreğime köz düştü
Yakar canevimin düşlerini.

Sana hangi gülleri getireyim, Meline?
Hangi renklerle donatayım evreni?
Nakışlara, şarkılara, çiçeklere bile sinmiş
Seksen yıldır dinmeyen
O korkunç yaranın acısı!

Kim kopardı ham meyvayı Ararat'ın dalından?
Kim ekti bu barbarlık tohumunu dağa taşa?
İkimiz bu toprağın çiçek açmış dalıydık
Seni kırdılar güpe gündüz,
Öfkem suskunluğumadır.
Ani'de açmaz artık bahar sensiz!

203

Bu Boğaz mavi miydi, Meline?
Bu Boğaz hep mavi miydi
        sen bildin bileli?
Bu şarkılar, bu ezgiler
Bu hamparsum notaları
Hep ağlar mıydı Bizanstan beri?
Nasıl da yalnız kalmışım
Nasıl da aldatılmışım
Senin yalnızlığında.

Ben yenile görüyorum,
Tarihimizin kanlı çığlığını
Senin dinmeyen özleminde.
Sen varlığımın vazgeçilmezliği
Toprağımızın bereketisin.
Ne dostluk olur, ne kardeşlik
Senin yüreğin
Benim yüreğimde
Özgürce gülene dek.

MELINE

Wann immer ich in deine Augen seh'
Verströmen sie das Meeresblau
Der Lieder aus Istanbul.
Ich hab das Rätsel der Schwermut
Auch in deinen Liedern gesehen
Und die bittere Sehnsucht nach dem Morgenrot.
Die Glut hat mein Herz befallen,
Sie entflammt meine innigsten Träume.

Welche Rosen soll ich dir nun widmen, Meline?
Mit welchen Farben schmück' ich nun das Universum?
Furchtbar ist der Schmerz der Wunde
Der achtzig Jahre ungestillten
Der hinter Zierrat, Liedern und Blumen versteckten!

Wer pflückte die unreife Frucht von den Bäumen des Ararat?
Wer säte die finstere Saat der Barbarei um uns her?
Beide waren wir blühende Zweige eines Baumes
Dich brach man am hellichten Tag
Mein Zorn gilt meinem Schweigen.
In Ani wird kein Frühling werden ohne dich!

War denn der Bosporus wirklich blau, Meline?
War er schon immer blau,
               so lang du denken kannst?
All die Lieder, all die Melodien
Die armenischen Notenblätter
Klagten sie schon seit byzantinischen Zeiten?
Wie einsam bin ich jetzt
Und wie betrogen
Über deine Einsamkeit.

Geschlagen erlebe ich erneut
In deiner ungestillten Sehnsucht
Das Blutgeschrei in unserer Geschichte.
Du bist das Unverzichtbare unseres Daseins,
Der Segen unseres Landes.
Weder Freundschaft noch Brüderlichkeit -
Bis dein Herz in meinem
Frei von Angst heiter lachen kann.